경영의 창으로 본 세상

박명호 경영칼럼

경영의 창으로 본 세상

저자 박명호
펴낸이 한헌주
펴낸곳 도서출판 **K-books**
등록 1995년 11월 9일 제300-1995-138호
주소 서울특별시 서대문구 독립문로 21-9
전화 02)738-7035(대표)
팩스 02)722-4678
이메일 kmsp@korea.com
홈페이지 http://www.kmsp.co.kr
초판인쇄 2022년 3월 10일
초판발행 2022년 3월 17일

값 15,000원
ISBN 978-89-420-0938-1 (03320)

하사賀詞

우리대학교의 석좌교수이신 박명호 교수님께서 오랜 기간에 걸쳐 일간신문에 연재한 경영 칼럼을 집대성한 책 '경영의 창으로 본 세상'을 출간하게 됨을 진심으로 축하드리며, 또한 기쁘게 생각합니다. 계명문화대학교 총장을 역임하신 박 총장님은 경영학계의 석학이며, 촌철살인의 혜안을 가진 분으로서, 근자 우리나라가 직면한 여러 상황과 현상들에 대해 그동안의 경험과 경영학자로서의 해박한 견해를 바탕으로 진솔한 대안과 나아갈 길을 여러 글과 강연을 통해 제시해 왔습니다.

이 책은 경영의 기본 원칙에서부터 다양한 경영 문제를 여러 각도에서 해법을 찾아보고, 또한 전대미문의 코로나19가 전 세계를 강타하는 시대에 우리 사회가 어떤 생활의 자세와 정서적 현명함을 유지해야 하는지, 더 나아가 마케팅의 질적 우수성과 현실 적용을 위한 실무적인 방향 등을 남다른 혜안으로 다루고 있습니다.

세계는 지금 코로나19 감염병으로 몸살을 앓고 있습니다. 끝이 보이지 않는 미증유의 '바이러스와의 전쟁'은 오늘도 계속되고 있습니다. 각 분야는 일상의 제약에 따른 대체 방법을 고안하고,

개발하고, 또 실험하며 대응하고 있지만 시원한 해결책과 대안으로는 아직도 턱없이 부족한 상황입니다. 이러한 때에 차분한 시각으로 사회 현상과 문제점들을 하나하나 짚어가며 최선의 길을 안내하고, 또 함께 극복해 나갈 수 있는 지혜를 따뜻한 시선으로 제시하고 있으니 미덥고 반가운 일이 아닐 수 없습니다.

세계는 '혁신'의 이름으로 너무나도 많은 변화를 쏟아내고 있습니다. 위기와 기회가 시시각각 공존하고 있는 때입니다. 박 총장님의 혁신 철학 속에는 '지속성'이라는 화두가 늘 내재해 있습니다. 다양한 분야의 경영 혁신은 지속을 전제할 때 그 성과가 담보된다는 고언입니다. 백척간두의 대학 위기 또한 '혁신의 지속'이 관건임은 재론의 여지가 없습니다. 일상생활 속에서의 변화 또한 이러한 철학과 크게 다르지 않다 여겨집니다.

이처럼 명망 있는 학자로서의 전문성과 대학경영의 경륜으로 바라본 오늘날의 사회 현상과 경영 혁신의 제언들이 후학들은 물론 많은 독자들에게 귀한 공감의 시간을 갖게 할 것이라 생각합니다. 다시 한 번 박명호 총장님께서 값진 책을 출간하게 됨을 뜻깊게 생각하며 축하를 드립니다.

계명대학교 총장 신일희

추천사

- 다시 만나는 '삶과 경영'에 대한 통찰 -

기업을 경영하며 경제단체의 회장이라는 직함도 가지고 있다 보니 하루에도 몇 번씩이나 경제 · 경영를 비롯한 많은 자료들을 접하게 됩니다. 그 중에는 객관적인 수치로 나타나는 통계자료나 변화를 분석한 경제 · 경영보고서도 있지만, 개인적으로는 경제 현안에 대한 철학과 날카로운 제안이 담겨 있는 칼럼이나 기고문에 더 관심을 가집니다. 특히 경영관련 칼럼은 때로 현업에서는 미처 생각해보지 못하는 부분을 깨우쳐 주는 스승이 되기도 하는데, '박명호의 경영칼럼'이 대표적이라 할 수 있겠습니다.

'경영칼럼'의 필자이신 박명호 계명대학교 석좌교수님은 제가 몸담고 있는 대구상공회의소의 일원으로 근무하셨던 인연도 있고, 또 오랜 기간 지역경제계에 혜안을 주시는 존경받는 학자이십니다. 경영자에게 있어 대학교수는 조언자이자 협력자로서 밀접할 수밖에 없는 사이지만, 오랜 기간 겪어 본 박 교수님은 이러한 관계를 뛰어넘어 시대에 대한 통찰력과 세상을 바라보는 따뜻한 마음을 제게 전해 주시는 분이십니다.

교수님의 날카로운 시선과 철학을 그 동안 '박명호의 경영칼럼'을 통해 늘 함께 하고 있었는데, 이제 '경영의 창으로 본 세상'이라는 제목의 책으로 출간되어 나온다니 참으로 반갑고 기대가 됩니다. 책 속에서는 경영과 기업의 본질, 경영자의 역할, 그리고 유통업과 소비자의 변화 등에 대하여 탁월한 견해를 펼치고 있습니다. 나아가 마케팅 전반에 걸친 다양한 이슈들과 함께 코로나19와 기술변혁의 시대에 기업과 사회가 어떻게 대처해야 하는지에 대해서도 생동감 넘치는 제안을 주시고 있습니다.

긴 세월 동안 후학을 양성하면서 살아오신 스승의 삶, 그리고 경영학의 한길을 걸어오면서 쌓으신 깊은 내공과 식견이 집약된 결정체이니 만큼, 책의 제목처럼 많은 독자들이 경영의 관점으로 세상을 보다 폭 넓고 다양하게 바라보며, 더 밝고 큰 세상을 만드는 데 많은 도움이 되리라 확신합니다.

아울러 '경영칼럼'을 통한 박 교수님의 유익하고 훌륭한 이야기들이 두 번째, 세 번째 '경영의 창으로 본 세상'으로 이어지기를 충심으로 기원합니다.

대구상공회의소 회장 이재하

책을 내며

'도대체 경영학이란 무엇인가?' 대학원에서 공부를 막 시작한 첫 학기 중간고사 문제였습니다. 이제 겨우 학문의 길에 들어서 첫 걸음마를 떼는데 이토록 거대한(?) 질문을 만나 크게 당황했습니다. 물론 바른 답을 제대로 해내기란 무리였고, 답안지를 어떻게 메꾸었는지 잘 기억도 나지 않습니다. 아마도 학부과정에서 배웠던 경영학의 몇 가지 주제들을 대충 뭉뚱그려 답안을 작성했으리라 생각합니다.

돌이켜보니 경영학을 본격적으로 공부하고 가르친 세월이 어언 듯 50년에 가깝습니다. 부끄럽게도 지금도 여전히 경영학의 정수精髓를 제대로 알지 못합니다. 또한 경영학의 연구대상인 경영에 대해서도 마찬가지입니다. 학자라는 명칭에 걸맞게 노력하지 못한 탓입니다. 천학비재로서 그저 세월만 보낸 듯 자괴감마저 듭니다. 대학교수의 소임을 마친 후에도 틈틈이 후학을 가르치고는 있으나 경영도 경영학도 여전히 어렵습니다.

경영은 '사람'에 관한 일입니다. 따라서 경영은 그 대상이 무엇이든지 사람을 위해서 사람이 합니다. 그래서 경영과 경영학은 인문학이 기초가 되어야 한다고 믿고 있습니다. 사람이 바뀌면 당연히 경영도 경영학도 변합니다. 하지만 사람에 관한 어떤 일에도 원칙과 기본이 있는 법입니다. 그것은 사람의 근본 덕목, 즉 진정성, 소명감, 충성심, 용기, 가치관, 균형감, 단순함, 신뢰 등입니다. 당연히 경영에도 '기본을 세우는 것'이 우선시되어야 합니다. 기본은 시대와 사람과 상황을 가리지 않습니다. 최신 이론이나 기법도 중요하지만 기본과 원칙이 바탕이 되어야 한다고 믿습니다.

이 책 속의 글들은 경영이론에 관한 것이 아닙니다. 경영의 창으로 본 세상 이야기를 누구나 쉽게 읽을 수 있도록 제시했습니다. 글의 많은 부분에서 여러 지성들의 혜안과 지혜를 빌려 칼럼 형식으로 쓴 글입니다. 저자의 능력 부족으로 창의적 성찰이나 신념을 충분히 담아내지 못했습니다. 단지 모든 글에서 원칙과 기본을 꾸준히 강조했습니다. 경영 현장에 조금이나마 도움이 된다면 더 이상 바랄 바가 없을 것입니다.

이 책은 대구신문사의 「박명호의 경영칼럼」에 지난 2년 반에 걸쳐 격주로 기고한 글들을 엮은 것입니다. 2019년 7월부터 쓰기 시작한 것이 벌써 60회를 넘겼습니다. 평생 칼럼을 써본 적이 없는 사람이 이제 얼치기 칼럼니스트라도 된 기분입니다. 애당초 책을 낸다는 것은 언감생심이었습니다. 세상에는 유사한 책들이 많고, 더구나 부족한 글인데다 창의적인 것도 아니기 때문입니다. 스페인 극작가 로페 데 베가Lope de Vaga가 1612년에 쓴 희극 《푸엔테오베후나 Fuentevejuna》에서 한 말이 뇌리에 맴돌았습니다. “책이 너무 많아 엄청난 혼란 가운데 있다. 사방이 출판의 바다로 가득 차 있고, 바다의 대부분은 거품으로 덮여 있다.” 사정이 이러한데도 흩어진 글들을 묶어 책으로 내면 여러 사람들에게 유익이 될 것이라며 강권하는 통에 모험을 하였습니다. 종심從心의 나이에 부끄러움도 잊은 채 출판을 결정한 것이 잘 한 것인지 지금도 의문 속에 두렵기만 합니다.

책의 출간을 기뻐하시며 바쁘신 중에도 귀한 글을 주신 두 분께 가슴 속 깊이 우러나는 존경과 감사의 말씀을 올립니다. 먼저 축하의 글을 써주신 계명대학교 신일희 총장님은 언제나 삶으로써 본보기가 되신 나의 일평생 멘토입니다. 불초 후학을 늘 이끌어주시고 귀중한 가르침을 주셨습니다. 총장님 가까이서 삶과 학문의 자세에 관해 많은 것을 배운 것은 더 없는 큰 축복이었습니다. 또 추천의 글을 주신 대구상공회의소의 이재하 회장님께도 깊이 감사를 드립니다. 대학에서 미술을 전공한 이 회장님은 모범적인 기업경영으로 명망이 높으신 우리 지역의 원로경영인입니다. 동시에 지역 경제의 수장인 대구상공회의소 회장으로 헌신하며 지역은 물론 나라에서도 크게 존경받는 지도자입니다.

아울러 책의 출판을 독려하고 허락해주신 대구신문사의 김상섭 사장님과 윤덕우 주필님께도 깊은 감사를 드립니다. 지난 2년 반 동안 부족한 저의 칼럼을 부지런히 읽고 격려와 가르침을 주신 많은 분들께도 진심으로 감사드립니다. 일일이 거명할 수는 없지만 그분들의 깊은 사랑은 언제나 제 마음 속에 자리하고 있습니다. 세심하게 원고를 읽고 많은 도움을 주신 조이섭 작가님에게도 고마움의 말씀을 전합니다. 책을 만드느라 수고를 아끼지 않으신 K-books의 한헌주 사장님을 비롯한 편집진 여러분들에게도 그동안의 노고에 감사를 드립니다.

오랜 세월, 감사와 인내로 부족한 사람을 꿋꿋하게 보살펴준 아내와 가족들의 지지에 특별한 고마움을 전합니다. 무엇보다 '나는 부족하여도' 여기까지 인도하신 우리 주 예수 그리스도께 감사와 영광을 올립니다.

2022년 3월

박 명 호

차 례

1부 경영이란 무엇인가

2부 기업의 본질과 경영자 역할

3부 유통의 실상과 소비자 변화

4부 마케팅, 어떻게 할 것인가

5부 일의 본질과 변혁 시대의 삶

1부

경영이란 무엇인가

사랑받는 기업에는 10가지의 다양한 조직문화가 있다.
배움의 문화, 신뢰의 문화, 상호의존의 문화, 성실성의 문화,
투명성의 문화, 충성도의 문화, 존중의 문화, 소속감과
일체감의 문화, 보살핌의 문화, 재미의 문화다.
이것을 한마디로 요약하면 사람이 중심이 되는
인간존중의 문화다.

— 라젠드라 시소디어, 데이비드 울프, 잭디시 세스
Rajendra S. Sisodia, David B. Wolfe, Jagdish N. Sheth,
『위대한 기업을 넘어 사랑받는 기업으로』

경영의 창으로 본 세상

01

혁신경영 = 위기 속의 기회 찾기

'대변혁, 위기극복, 도전, 개척, 도약, 혁신, 가능성, 변신, 전사적 협력, 실천, 역량설계, 디지털화, ESG경영, 고객경험'

이들은 임인년壬寅年 새해에 주요 대기업 CEO들이 신년사에서 밝힌 화두다. 요약하자면 '위기 속의 새로운 가능성 찾기'다. 냉엄한 현실 위기에서 살아남으려면 신기술을 활용하는 혁신경영이 절실히 요구된다는 것이다.

그래선지 제조, 유통, 금융 등 여러 산업의 CEO들은 온·오프라인의 통합과 디지털을 비롯한 다양한 신기술의 활용을 새해 경영전략으로 제시한다. CJ는 디지털 전환의 가속화, 과감한 연구개발과 첨단기술의 확보를 강조했다. 신세계는 '디지털 피보팅'이란 새로운 개념을 제안했다. 오프라인 역량을 하나의 축으로 삼고, 또 다른 축인 디지털 기반의 미래 산업을 만들어 나간다는 것이다. LS도 기존 주력사업과 미래 신사업과의 시너지를 극대화하는 '양손잡이 경영'을 천명했다. 신한금융은 디지털 플랫폼 전반을 '바르게, 빠르게, 다르게' 운영해 빅테크와 플랫폼 기업과의 경쟁에서 앞서 나갈 것이라고 한다.

경제의 미래는 기술이 핵심이고, 삶의 질도 기술이 좌우한다. 소위 기술경제시대다. 기업 경영의 성패도 당연히 기술의 개발과 활용이 결정짓는다. 기업의 기술 수준이 높아지면 새로운 시장이 보이고 나아가 매출과 수익도 좋아진다. 삼성전자는 반도체를 비롯한 스마트폰과 PC 등 정보기술 제품의 약진으로 올해는 매출액 300조 원을 달성할 것이라고 한다. 글로벌 제조업체 가운데 300조 매출을 넘긴 곳은 폭스바겐, 토요타, 애플 정도다. 이에 따라 삼성전자는 올해 글로벌 톱10에 진입할 가능성이 높다.

IT 미래학자 니콜라스 카는 『생각하지 않는 사람들』에서 기술을 네 가지로 범주로 구분했다. 먼저 우리의 체력, 민첩성 또는 복원력을 키워주는 기술이다. 쟁기, 바늘, 전투기 등이다. 다음으로 현미경, 확대경 등과 같이 우리의 감각을 더욱 민감하게 만드는 기술이다. 또, 저수지, 피임약, 유전자 변형기술 등 우리가 필요나

욕망에 더 충실할 수 있도록 자연의 모습을 바꾸어 놓는 기술이다. 끝으로, 지도와 시계 같은 '지적기술'이 있다. 인간의 정신적 능력을 향상시키거나 지원하는데 사용되는 모든 도구들, 예컨대 정보·통신기술ICT이 여기에 속한다.

바야흐로 '테크노피아technopia'가 도래했다고 한다. 과학기술이 인류의 복지를 책임지는 이상사회에 살고 있다는 것이다. 모든 기술은 인간의 삶에 지대한 영향을 미친다. 실제로 기술은 우리의 생각과 삶을 획기적으로 바꾸어 놓았다. 특히, 지적기술은 새로운 사고방식을 만들어내고 소수의 엘리트 집단에만 국한되어 있던 사고방식을 대중에게 확산시켰다. 예컨대, 지적기술이 만든 가상공간은 소비문화에 큰 지각변동을 가져왔다. 온라인과 오프라인 공간에서 정보를 수집하며 합리적인 소비를 하는 '혼성소비자hybrid consumer'들이 소비시장을 주도하게 되었다. 이들은 이미 시장에 나온 상품이나 서비스를 그대로 수용하지 않고 지적기술을 최대한 활용하여 개인화되고 맞춤화된 상품과 서비스를 요구한다.

이렇듯 혁신적 기술은 기업으로 하여금 종래의 경영방식으로는 생존하기조차 어렵게 만들었다. 당연히 새로운 경영 패러다임을 필요로 한다. 급변하는 기술 환경에서 기업이 살아남을 수 있는 유일한 생존전략은 지속적인 경영혁신뿐이다. 혁신을 통해 얻는 창조적 아이디어를 적극 활용하여 기업 목적을 성취해야 한다.

이를 위해서는 조달, 제조, 품질, 마케팅을 비롯한 경영전반에 걸쳐 끊임없는 혁신을 전개해 나가야 한다.

혁신을 제대로 하려면 먼저 혁신의 의미를 바로 알아야 한다. 혁신전도사로 널리 알려진 고 서두칠 회장은 혁신은 반드시 '가죽을 벗기는 아픔'을 동반한다고 말한다. 문자 그대로 새 가죽으로 거듭나야하기 때문이다. 살갗을 벗기면 모세혈관이 터지고 살점이 떨어져나간다. 그리고 시간이 지나 아물면 정상적인 새 살갗, '뉴스킨 new skin'이 된다. 이와 함께 조직구성원들이 위기를 실감하고 혁신의 당위성에 공감해야만 혁신이 제대로 이루어진다. 미국 하버드대 존 코터 John Kotter 교수도 "혁신이 계속 이루어지려면 위기감이 지속적으로 유지되어야 한다."고 말한다. 구성원들이 기업이 직면한 위기를 공감하고, 그것을 극복하기 위해 실패와 시련을 두려워하지 않고, 고통을 감내할 때, 비로소 혁신의 열매가 맺힌다.

새로워지려면 당연히 사람부터 바뀌어야 한다. 말로는 쉬워도 실천하기는 정말 어렵다. 오죽하면 변혁과 실천의 다짐이 지도자들의 신년사에 매년 빠짐없이 등장하겠는가. 평온한 바다는 유능한 뱃사람을 만들 수 없다고 한다. 마찬가지로 끊임없이 맞닥뜨리는 위기를 혁신으로 돌파할 수 있어야 진정 유능한 기업이다. (2022.01.17.)

경영의 창으로 본 세상

02

기업 경영의 새 원칙: '지속가능경영'

길을 걷다 마차를 만난 나그네가 마부에게 태워 달라고 부탁하였다. 마부가 태워주자 나그네는 "예루살렘까지는 먼가요?"라고 물었다. 마부는 "여기서 30분 정도 걸립니다."라고 했다. 30분이 지나고 나그네가 "예루살렘에 도착했나요?"하자, 마부는 "아니오, 여기서는 1시간 걸립니다."라고 하였다. 나그네가 깜짝 놀라 "아까 30분 거리라고 하지 않았나요?"하자, 마부는 "이 마차는 반대 방향으로 가는 마차인데요."라고 대답했다.

최근 지인이 SNS로 보내준 스토리다. 방향이 잘못되면 아무리 빨리 길을 가도 목적지에 이를 수 없다는 얘기다.

누구나 인생의 여정을 가다 보면 길의 방향을 잃거나 갈림길도 만난다. 목적지가 명확하고 가야 할 길이 익숙할 때는 길의 선택에 아무런 문제가 없다. 그러나 대개, 내가 가는 길이 어디로 어떻게 연결되는지 모를 때가 허다하여 선택이 어렵다. 대학에서 전공할 분야를 결정하는 일이나 배우자의 선택은 더욱 어렵고, 새로운 일을 시작할 때 방향을 제대로 잡기란 더더욱 어렵다.

잘 나가는 기업조차도 나아가야 할 바른 방향을 찾기가 쉽지 않다. 이달 초하루, 삼성전자는 새로운 50년의 첫발을 내디뎠다. 이건희 회장이 없는 '뉴삼성'의 향배가 궁금하다. 대구에서 출생한 고 이건희 회장은 성공 신화를 창조한 인물이다. 고인은 1987년 삼성그룹 총수로 취임하여 '신경영'과 '천재경영' 그리고 '창조경영' 등을 강조하며 삼성을 세계적 기업으로 성장시켰다. 지난달 인터브랜드Interbrand는 삼성의 브랜드 가치를 623억 달러(약 70조1,000억 원)로 평가하고, 애플, 아마존, 마이크로소프트, 구글에 이어 글로벌 톱 5위로 선정하였다. 삼성이 다양한 사회공헌활동을 추진하고, '지속가능경영' 활동을 전사적으로 확대한 점을 가치 상승의 주요 요인으로 꼽았다.

우리나라 여러 기업이 '지속가능경영'에 큰 관심을 보이고 있다. 지금까지 기업들은 신바람경영, 고객감동경영, 신경영 등을 주창하며 경제적 가치 추구에 몰두해 왔다. 하지만 이제는 사회공동체와 조화롭게 동반 성장해야 한다는 인식이 높아졌다. 환경 environment, 사회 social, 지배구조 governance 등의 문제에 보다 능동적이고 전향적으로 대처해야 지속적 성장이 가능하다고 여긴다. 많은 기업들이 이들의 앞글자를 딴 ESG 경영에 집중하고 있다. 최근, 진대제 스카이레이크 인베스트먼트 회장도 이재용 삼성 부회장에게 ESG에 신경을 많이 썼으면 한다고 조언했다고 한다.

SK그룹 최태원 회장은 경제적 가치만을 고려했던 방식에서 벗어나 사회적 가치를 고려하는 ESG 경영이 필수라고 역설한다. 지난달 말 안동에서 열린 제7회 인문가치포럼에서, 최 회장은 "사회가 원하는 가치를 함께 만들어야 기업이 살 수 있는 시대가 되었다."며 기업인들의 근본적 인식 전환을 강조했다. 요즘은 투자자들도 기업의 '지속가능경영'을 살펴 투자한다고 한다. 과거처럼 단순히 영업실적만 보지 않고, 기업이 돈을 어떻게 벌고 쓰며, 회사를 어떻게 경영하는지를 종합해서 기업 가치를 평가한다. 그래서 기업이 사회적 책임이나 사회적 가치를 얼마나 높이고 있는지가 중요하다.

『마켓4.0』의 공동 저자인 허마원 카타자야는 '지속가능경영'을 인간중심적인 경영으로 보고 있다. 그는 환경과 안전이 별개가 아니며, 이제 인류는 생존과 안전이라는 가치를 가장 중시할 것이라고 단언한다. 따라서 기업은 이해관계자와 의사소통을 증진하고, 사회적, 경제적, 환경적 지속가능성을 추구해야 한다. 환경을 보호하고, 빈곤을 구제하며, 자연환경을 파괴하지 않는 성장 방법을 찾아내야 한다. 이를 위해 지속가능한 발전목표를 정하고 비즈니스를 재정립해야 한다고 주장했다.

지난달 27일 한국기업지배구조원이 주최한 '2020년 ESG 우수기업' 시상식에서 우리 고장의 DGB금융지주가 우수기업으로 선정되었다. 사회적 책임활동 강화, 전사적인 환경경영 추진, 적극적인 지배구조 개선 노력이 인정받은 결과로 매우 자랑스럽다. 국내 금융권에서 최초로 도입한 'CEO육성 프로그램'에 따라 객관적이고 투명한 절차로 은행장을 선정함으로써 지배구조 선진화에 크게 기여한 것으로 평가되었다. 향후 대구은행과 DGB금융지주의 큰 발전과 지속적인 성장이 기대된다.

지역의 CEO들도 '지속가능경영'이 일시적으로 유행하는 트렌드가 아니라 보편적 필수 가치임을 제대로 인식해야 하겠다. 고객과 구성원 그리고 사회가 기업에 요구하는 것이 무엇인지를 선도적으로 파악하여 철저히 실행해 나가야 한다. 이것이 기업 경영의 올바른 방향이다. 19세기 미국의 저명한 문필가 올리버 웬들 홈즈는 "세상에서 가장 중요한 것은 지금 내가 어디에 있는가가 아니라, 어느 쪽을 향해 가고 있는가를 파악하는 일이다."라고 했다.

(2020.11.09.)

경영의 창으로 본 세상

03

착하게 돈 벌기

몇 달째 온 나라가 불공정 논란에 휩싸여 있다. 공정사회, 공정개혁, 불공정 개선이란 말들도 자주 나오고 있다. 도대체 공정하다는 것은 무엇인가? 사전에서는 공정 fairness을 '공평하고 올바름'이라고 정의하는데, 공정에는 대체로 두 가지 측면의 의미가 있다고 한다. 첫째는 결과의 공정이다. 어느 사회든 승자와 패자가 있기 마련인데, 승자의 이익과 패자의 피해 사이의 격차가 공평한가의 문제이다. 다른 하나는 최근 우리 사회에 만연한 '기회의 불균형'에 관한 것이다. 이 경우 불공정이란 금수저 등과 같이 출신 배경이나 자신의 현재 지위 또는 능력을 이용하여 경제적, 사회적 반칙행위를 하는 것이다. 특히 경제적 공정성은 자본주의 경제의 해묵은 과제이다. 개별 소비자보다는 상대적으로 힘의 우위에 있는 기업이 공정하고 착하게 이익을 실현하고 있는가에 관하여는 많은 논란이 있어 왔다.

지난달 중순 '제5회 2019 대한민국 굿컴퍼니대상' 시상식이 열렸다. 지속적인 성장 및 바른 경영, 고객만족, 사회공헌, 기부 등 모범적인 사회활동을 펼쳐서 사회적 책임을 다하는 기업들에게 수여하는 상이다. 사회적 책임을 다하면서 좋은 기업문화를 만든 착한 기업들을 발굴하고 격려하는 행사여서 그 의미가 크다. 굿컴퍼니good company란 돈 버는 것을 넘어서서 직원과 소비자, 협력업체와 지역사회 등 다양한 이해관계자들에게 도움을 주거나 환경 등 전 지구적인 문제 해결에 노력하는 문자 그대로 '착한 기업'이다. 이들은 사회변화의 촉매 역할을 하며, 세상을 바꾸며, 사회적 가치를 실현하게 된다.

그런데 이제는 어떤 기업도 당연히 착해야만 생존할 수 있는 시대가 되었다. 소비자들의 높은 윤리의식, 글로벌 상거래, 발달된 SNS 등이 착한 기업을 요구하고 있기 때문이다. 금세기 최고의 마케팅 구루인 필립 코틀러도 "일류기업들은 모두 사회적 책임을 충실하게 이행하고 있고, 이를 올바로 수행하지 않는 기업은 성장은커녕 더 이상 생존도 어렵다."라고 하였다. 그의 저서 『사회적 책임경영』에서는 기업이 단순한 자선활동 차원에서 벗어나 지역

사회의 복지증진과 문제개선에 기여하면서 동시에 실제 이익에도 도움이 되도록 사회적 책무를 전략적으로 수행해야 한다고 강조하고 있다.

미국의 홀 푸드마켓은 자타가 인정하는 굿 컴퍼니의 대표주자이다. 이 회사는 〈포춘〉이 '일하기 좋은 100대 기업'으로 16년 연속 선정한 유기농 자연식품 대형판매점이다. 이 회사의 창업자인 존 매키는 그의 저서 『깨어있는 자본주의Conscious Capitalism』에서 고객, 지역사회, 그리고 직원들 모두가 '함께 웃을 수 있는 기업'이 되어야 한다고 주장한다. 사람은 먹지 않고 살 수 없지만 먹기 위해 살지는 않듯이 기업도 이익을 내기 위해서만 존재해서는 안 된다는 것이 매키의 지론이다. 진라면을 만드는 오뚜기도 '갓뚜기(God과 오뚜기 합성어)'로 불리며 착한 기업으로 평가되고 있다. 진라면은 지난해 상반기에 업계 1위 신라면과의 시장점유율 격차를 3% 포인트로 좁히며 본격 1위 경쟁에 뛰어들었다. 10년 전만 해도 시장점유율 5%에 불과했던 진라면의 인기는 '착한 기업' 이미지로 소비자들의 호감을 사고 있다고 한다.

『모래돈과 바늘돈』이란 책을 쓴 경북대 김형규 명예교수는 돈을 모래돈과 바늘돈, 두 가지로 구분하고 있다. "두 돈은 서로 대립된 돈인데 모래돈은 낭비하는 돈이고, 바늘돈은 절약하는 돈이다. 또 모래돈은 거짓과 위장으로 모으는 돈이요, 바늘돈은 바르고 참되게 생활하려는 돈이다. 모래돈은 이기적인 돈이고, 바늘돈은 이타적인 돈이다. 모래돈은 쉽게 흩어지면서 모이지 않는 돈이며, 남을 속이면서 부정적으로 번 돈이다. 바늘돈은 우리 사회를 아름답게 만드는데 사용되는 성실한 돈이며 무한한 가능성을 지니고 있는 돈"이라고 하였다. 착한 기업이 노력해서 얻은 이익은 분명 바늘돈일 것이다. 그러므로 바늘돈을 벌려면 정당한 노력과 헌신적인 정신과 윤리, 그리고 좋은 기업문화를 갖춘 굿 컴퍼니가 되어야 한다.

치열한 경쟁 환경에서 굿 컴퍼니가 되는 것은 실천하기 어려운 이상理想으로 여겨질 수도 있다. 최근 국내 한 CEO는 "국내외 경쟁이 치열해 사업하기도 어려운데 사회적 가치도 추구하고, 직원 행복도 챙겨야 하니 머리가 아프다."고 한다. 그러나 기업이 경제적 가치와 사회적 가치를 함께 추구하는 것은 더 이상 선택의 문제가 아니라 필수적이며 모든 기업이 추구해야할 올바른 방향이다. 토니 로빈스는 『돈 MONEY』라는 책에서 '부에 이르는 비결'은 간단하다고 말한다. "그것은 타인에게 그 누구보다 많이 줄 방법을 찾으면 된다. 더 많이 베풀고, 더 큰 존재가 되고, 더 많이 봉사하면 된다. 그러면 더 많이 벌 기회가 생긴다." 돈 버는 비결은 이타적 행위에 충실한 착한 기업이 되는데 있다.

(2019.11.11.)

경영의 창으로 본 세상

04

왜 신뢰경영인가

"In God We Trust(우리가 믿는 하나님 안에서)"

미국 돈 달러화에 있는 글귀다. 최소 화폐단위인 1센트 동전에서 최고액권인 100달러 지폐까지 공통으로 새겨져 있다. 이 글귀는 1864년 처음으로 동전에 등장했고, 1956년 미 연방의회가 마련한 법안에 아이젠하워 대통령이 서명함으로써 미국의 공식적인 국가 표어로 지정되었다. 신뢰 trust가 미국 사회의 근본 가치임을 공식화한 것이다.

미국인들은 어떤 상황에서든 국가가 자신을 위험으로부터 지켜 주리라는 강력한 믿음을 지니고 있다. 스티븐 스필버그 감독의 〈라이언 일병 구하기〉를 보자. 특공대가 죽음을 무릅쓰고 적진에 고립되어 있는 단 한명의 병사를 구출해 내는 이야기에서 우리는 이 믿음을 확인할 수 있다. 또, 실례로 미국은 70년 전 6·25전쟁에서 전사한 용사들의 유해 발굴 작업을 지금도 계속해 이러한 믿음을 지켜주고 있다. 그래서인지 미국은 고신뢰국가로 평가되고 있다. 스탠퍼드대학의 정치학 교수인 프랜시스 후쿠야마는 그의 명저 『트러스트 TRUST』에서 선진국의 기준을 한 나라의 경제규모가 아니라, 기저에 있는 문화적 요소 즉 사회적 자본으로 보았다. 그리고 가장 중요한 사회적 자본은 바로 신뢰라고 주장했다.

신뢰는 기업 경영에서도 으뜸가는 덕목이다. 기업 구성원들 상호 간의 믿음이 전제되지 않고서는 기업이 경쟁력을 발휘하기가 어렵기 때문이다. 겉으로 쉽게 드러나지 않을지라도, 훌륭한 기업의 구성원들 간에는 강한 결속력을 지탱해주는 신뢰가 있다. 이처럼 신뢰가 있을 때 기업은 팀워크를 통한 시너지효과를 기대할 수 있다. 종업원들은 경영진과 상사, 동료, 부하를 신뢰하며, 적극적으로 회사의 방침을 믿고 따르기에, 최선을 다해 직무를 수행하여 최상의 제품과 서비스를 창출한다. 이것이 신뢰경영이다.

전 세계에서 가장 모범적인 신뢰경영의 사례는 아마도 인도의 타타그룹일 것이다. 150년 전 설립 당시부터 이 회사는 신뢰를 근간으로 성장을 거듭해왔다. 이 회사의 목적은 이익을 사회에 환원함으로써 고객, 직원, 주주, 공동체 안에서의 신뢰를 이끌어내는 것이다. 타타그룹은 타타 일가의 소유가 아니다. 모회사 타타

선즈가 지닌 지분 가운데 3분의 2는 공익재단이 소유하고 있다. 작은 섬유기업으로 출발한 이 회사가 인도 국민의 존경은 물론이고 세계적으로 인정받을 수 있게 된 것은 신뢰의 씨앗을 뿌리고 가꾼 결과다.

또 다른 신뢰경영의 표본은 세계적인 IT회사 휴렛팩커드 HP다. 적절한 환경과 지원이 주어진다면 모든 개인은 훌륭한 일을 해낼 수 있다는 믿음을 기반으로 직원들을 신뢰하고 종업원들의 의견을 존중하는 기업 문화가 이 회사를 강한 기업으로 만들었다. 직원들은 심리적 안전감을 느끼며, 자신도 알지 못하는 잠재력을 발휘한다. 창업자 빌 휴렛과 데이비드 팩커드가 직원을 신뢰하는 문화, 'HP Way'를 구축해 그들의 기氣를 살려 놓았기 때문이다.

이렇듯 훌륭한 기업들의 뚜렷한 특징은 회사 전체에 퍼져 있는 신뢰수준이 매우 높다는 점이다. 제임스 오트리는 『무위경영』에서 "경영은 사랑을 다룬다."고 쓰고, "경영은 신뢰며, 직원들은 그 신뢰 아래 놓여 있다. 그러나 보다 중요한 것은 경영자가 받아야 할 직원의 신뢰"라고 말했다. 경영자가 신뢰를 얻으려면 먼저 신뢰를 실천해야 한다. 조엘 피터슨과 데이비드 캐플런은 『신뢰의 힘』에서 리더가 신뢰를 쌓기 위한 10가지 법칙을 다음과 같이 제시하고 있다. 그것은 리더의 정직성, 상호 존중, 자율성, 명확성, 공동의 꿈, 투명성, 갈등의 포용, 겸손, 윈윈 협상, 진실성, 신중함

등이다.

신뢰는 그저 필요한 것이 아니라 조직의 생존과 성장을 결정하는 필수요소다. 신뢰가 구성원들을 결속해서 목표를 향해 전진하게 하며, 혁신의 잠재력을 일깨우는 최고의 촉매제로 작용하기 때문이다. 신뢰는 누군가가 나의 안녕을 책임지고 있다고 믿을 때 나타나는 생물학적 반응이다. 직원들을 활용해야 할 자원이 아니라 보호해야 할 사람으로 대우하는 회사에서 일하는 사람들은 신뢰감이 높다. 그 회사의 직원들은 의무감이 아니라 자부심으로 일한다. 또, 그들은 고객과 높은 신뢰를 쌓아 헌신적인 고객을 낳는 선순환을 만든다.

칠성시장 근처 신천대로를 지나다 보면 신천 건너편 한 건물의 외벽에 걸린 커다란 캐치프레이즈가 눈에 띈다. 언제 보아도 정겨운 "같이의 가치"란 구호다. NH농협이 발음이 비슷한 '같이'와 '가치'를 조합해 '함께함'의 소중함을 강조한 이 카피는 매우 감동적이다. 그런데 '같이'가 '가치' 있으려면 반드시 신뢰가 있어야 한다. 과연, '우리 사회는 안전하고 서로 이어져 있다'라는 믿음을 '같이' 공유하고 있을까? 사회학자 로버트 벨라는 "건강한 나라는 '기억을 함께하는 공동체'여야 한다."라고 했다. 지금은 경영은 물론이고 삶의 모든 영역에서 신뢰가 실현되어야 할 때다.

(2020.05.11.)

05

기업생존의 핵심: 정체성과 기업문화

창립 57년 역사의 국내 2위 우유업체인 남양유업이 지난달 말에 매각되었다. 불가리스 효능의 과장발표 논란에 휩싸여 비난 여론을 이기지 못하며 창업자의 후손이 경영과 완전히 결별했다. 그동안 남양유업은 여러 차례의 위기에 매번 시간이 해결해줄 것이라는 잘못된 판단과 부적절한 대응으로 고객의 신뢰를 완전히 상실했다. 시장변화를 외면하고, 제품력만을 맹신하면서, 상명하복의 낡고 경직된 조직문화에서 벗어나지 못한 것이 몰락의 주된 원인으로 지적되고 있다. 특히 윤리적 소비를 중시하는 고객의 변화를 제대로 읽지도 못해 '사랑받는 기업'과는 아예 거리가 멀어졌다.

기업의 생존과 성장에는 정체성의 확립과 올바른 기업문화의 정립이 필수적이다. 정체성과 조직문화는 동전의 양면과 같다. 정체성을 제대로 갖출 때 바람직한 기업문화가 조성되기 때문이다. 정체성이란 남들과 '다름'을 나타내는 차별성이며 동시에 자기 존재의 당위성을 뜻한다. "우리는 왜 존재하며, 무엇을 하는 존재인가?"란 질문에 분명하게 답할 수 있다면 남들과의 다름이 분명해진다. 기업의 정체성은 그 기업이 사회 속에 존재해야 하는 이유와 사명을 시장에 내놓는 명시적인 답안이다. 그것은 신조 credo 나 경영이념 management philosophy 또는 기업사명문 mission statement 등에서 나타난다.

기업이 정체성을 제대로 갖추려면 우선 기업의 주인이 누구인가에 대한 경영자의 바른 인식이 필요하다. 우리나라 대다수 기업의 경영자들은 소유경영자들이다. 따라서 자신들만이 기업을 소유한 주인이라는 생각이 지배적이다. 이런 기업에서는 경영자가 자신의 생각만을 내세우며 명령일변도의 수직적 방식으로 거의 모든 의사결정을 내린다. 자신들의 왜곡된 카리스마와 권위를 내세우는 경우도 많다. 여기서 여러 가지 불미스러운 일들이 발생한다. 남양유업의 사태뿐만 아니라 땅콩회항이나 수많은 갑질 사건들이 모두 이 같은 그릇된 인식에서 비롯되었다.

기업은 다른 기업이 모방할 수 없는 우리 회사 고유의 무엇인가를 제품에 담아내야 한다. 나아가 경영전략, 마케팅, 운영, 인사

등 경영 전반에도 고유의 것을 담아 고객과 원활히 소통할 때 비로소 정체성이 제대로 표출된다. 이런 기업의 고객은 제품을 선택하고 사용하면서 제품에 담긴 기업의 존재 이유를 경험하게 된다. 이와 더불어 기업은 자기만의 독특한 방식으로 공익에 기여해야 한다. 모든 기업은 사적 조직인 동시에 '사회적 공기公器'이기 때문이다. 따라서 정체성에는 사회적 책임의 비전과 내용도 반드시 포함되어야 한다.

기업의 최우선적 과제는 고객을 존중하고 고객들에게 차별적 가치를 제공하는 일이다. 고객의 선택을 받아야 살아남을 수 있기 때문이다. 당연히 어떠한 고객가치를 어떤 방식으로 전달할 것인가를 고객들에게 천명해야 한다. 지구상에서 고객을 가장 중시하는 기업으로는 아마존이 자주 언급된다. 이 회사의 회의 자리에는 늘 고객을 위한 빈 의자가 하나 있다고 한다. 고객이 언제나 그들과 함께 있다고 생각해서다.

정체성이 고객과 사회에 대한 약속이라면, 기업문화는 정체성을 발현하기 위해 기업 구성원들이 '공유하는 가치'다. 기업문화는 기업의 '정신적 인프라'이며 구성원들의 생각과 태도, 행동 규범 등을 결정짓는다. 조직성공의 최대 변수는 구성원들의 문화적 일체감이다. 하지만 경쟁력 있는 조직문화를 구축한 기업들은 그리 많지 않다. 대다수의 기업에서는 강력한 리더가 기업을 통솔하고,

구성원은 일사불란하게 움직이며, 그의 명령과 통제를 따라야 하는 것이 관행처럼 굳어지고 있다. 하루속히 구성원들 사이의 소통이 자유로운, 개방적이고 탄력적이며 자율적인 기업문화로 바뀌어야 한다.

피터 드러커는 "문화는 전략을 아침 식사로 먹는다."라는 말을 남겼다. 구성원들이 두려움, 불신, 적대감으로 가득하면 최고의 전략도 실패로 끝날 수 있다는 것이다. 『6I 사고혁명』에서 인문학자 김경집도 아무리 좋은 전략도 사람에 대한 애정, 관심, 가치를 담지 못하면 결국 허사라고 강조한다. 따라서 궁극적이며 기본적인 것은 '사람의 가치'를 어떻게 설정하느냐는 것이며, 이런 발판 위에서 기업이 미래를 바라보아야 한다고 주장한다.

이렇듯 조직은 기술이나 전략이 아니라 그들의 가치관으로 남들과 구분된다. 성공한 기업, 우승컵을 거머쥔 스포츠 팀, 날로 번창하는 가문 등에서는 예외 없이 특유의 문화가 감지된다. 이들은 부단한 노력과 변화를 통해 고유의 문화 혁신을 이루었다. 이것이 정체성을 바탕으로 경영자가 자신만의 기업문화에 대해 진지하게 고민하며 기업문화의 변화를 구현해야 하는 이유다.

"무엇과도 바꿀 수 없는 존재가 되려면 늘 달라야 한다." 20세기 여성패션의 혁신을 선도한 디자이너 코코 샤넬의 말이다.

(2021.06.07.)

경영의 창으로 본 세상

06

모든 비즈니스는 디자인이다

신라 천년의 고도 경주는 아득한 선사시대부터 인류가 살았던 흔적이 확인되는 곳이다. 신라는 민족 최초의 통일 국가를 건설했다. 그 힘은 창조와 수용을 바탕으로 한 독창적인 신라문화가 있었기에 가능했다. 이달 초 경주 시내에 있는 신라시대 무덤에서는 1,500년 전 금동관과 금동신발 등 아름다운 문양의 장신구들이 특이한 형태로 한꺼번에 출토되었다. 경주의 왕릉, 고분 등 수많은 사적과 여러 발굴 자료들에서 보게 되는 다양한 문양들은 세계인의 이목을 집중시키고도 남음이 있다. 이처럼 경주는 찬란한 문화유산의 보고인 동시에 '고대 디자인 백과사전'이다.

20여 년에 걸쳐 쓴 문명기행, 『문명은 디자인이다』에서 권삼윤은 디자인을 이렇게 정의했다. 디자인은 “옷이나 신발, 헤어스타일, 광고 포스터 정도가 아니라, 인간이 자신을 둘러싸고 있는 시간과 공간, 자원 그리고 다른 인간 집단 간의 관계 설정까지 아우르는 매우 폭넓은 개념이다.” 그는 또 “문명은 무늬의 세계이며, 무늬의 세계는 곧 디자인의 세계”라고 하였다. 그런데 디자인의 세계는 철저히 ‘다름’을 추구하며, 문명 또한 그러하다고 강조한다. 모든 생명체가 제각각이듯 ‘같음’은 생명의 원리가 아니라고 주장한다.

기업도 경쟁에서 이겨 살아남기 위해서는 ‘자기다움’으로 철저히 남과 ‘다름’을 추구해야 한다. 그런 의미에서 기업의 차별적 디자인은 제품경쟁력의 중요한 원천이다. 한국디자인진흥원의 최근 조사에 따르면 판매에 영향을 미치는 요소 중에서 제품 디자인은 고객 서비스(28.31%)에 버금가는 높은 비율(26.3%)을 차지했다. 이 조사에서 성능을 중요시한다는 비중은 16.6%에 그치고 있어, 디자인이 소비자의 구매 행동에 결정적 요인이라는 것을 보여주고 있다. 최근 제품력이 상향 평준화되면서 디자인의 중요성은 더욱 커지고 있다.

기업에서의 디자인은 단순히 제품의 예술적 외양이나 기능상의 편리성을 설계하는 것만이 아니다. 디자인의 창조적 활동은 기업의 로고나 심볼, 심지어 건물의 외관에도 도입된다. 나아가 거의 모든 경영 분야에 디자인이 적용된다. 그리고 디자인의 가장 상위

단계는 '비즈니스 디자인'이다. 맥도널드를 성공시킨 레이 크록은 "우리는 햄버거 비즈니스를 하는 게 아니라 쇼 비즈니스show business를 한다."라고 하였다. 스타벅스도 "커피를 파는 것이 아니라 새로운 경험과 문화를 판다."고 했듯이 비즈니스의 기본 철학도 디자인해야 한다.

이렇듯 디자인은 비즈니스의 여러 영역에 반영되고 있는데, 이것이 바로 '디자인 사고design thinking'다. 대학에서도 '디자인 사고'가 경영학 교육에 활발히 도입되고 있다. 대구대학교의 이웅규 교수는 실무성이 결여된 경영학 교육의 문제 해결에 '디자인 사고'가 대안이 될 수 있다고 강조한다. '디자인 사고'란 한마디로 디자이너처럼 사고하는 것이다. 디자이너들의 감수성과 창의적인 생각, 그들의 접근 방법을 적용하여 경영 현장의 문제를 해결하기 위한 방식이다. 핵심은 최종소비자가 경험하게 될 해결책을 중심으로 사고하는 데 있다. 그러므로 '디자인 사고'는 고객을 이해하고 공감하려는 노력에서부터 시작한다. 이어서 문제를 인식하고, 창의성의 발현에 주의를 기울이며, 바람직한 결과가 나올 때까지 반복을 거듭하게 된다.

디자인은 이제 기업의 생존은 물론, 비즈니스 성공에 필수 요소가 되었다. 복잡·다양한 경영 문제를 해결하기 위해서는 '디자인 사고'를 바탕으로 관련 전문가들이 유기적으로 협력해야 한다. 따라서 디자인은 기업 구성원 모두의 일이며, CEO에서 일선 직원들까지 모두의 책임이다. 에어비앤비, 나이키, 펩시, 구글, 애플과 같이 성공한 기업들은 예외 없이 '디자인 사고'를 실천하고 있다. 스티브 잡스가 의뢰한 '마우스'나 이마트의 '돋보기가 달린 카트'가 이렇게 개발되었다. 스위스챔프나이프, 2중 솔기를 적용한 야구공, 왕관형 병마개, 포스트잇 노트, 프라이탁 가방, 행운의 무쇠물고기 등도 모두 '디자인 사고'를 적용한 결과다.

"디자인은 애플의 영혼"이라고 말한 스티브 잡스의 이야기다. 그가 2008년 어느 일요일 아침 당시 구글의 수석부사장이었던 빅 군도트라에게 매우 중요한 일이라며 전화를 걸었다. 아이폰에 들어가는 구글 앱의 'Google' 로고의 두 번째 'o'자의 노란색 그림자 색상이 이상하다는 것이었다. 내일 당장 사람을 보낼 테니 이 글자의 노란 색상을 바로잡아 달라고 했다. 군도트라는 CEO란 일요일에 노란 글자의 그림자까지 고민하는 사람이어야 한다는 것을 그때 배웠다고 술회하였다. 이처럼 디자인은 비즈니스 자체이며 전부다.

"Design or Decline(디자인하든지 망하든지)" 이는 1970년대 후반 심각한 경제 위기에서 영국의 산업을 재건한 마가렛 대처 총리가 디자인 혁신의 중요성을 강조한 말이다.

(2020.09.14.)

경영의 창으로 본 세상

07

선진국, 맞습니까

한해를 결산하며 새해를 기약하는 세말이다. 하지만 코로나19가 다시 대유행하면서 우리는 불안하고 우울한 날들을 직면하고 있다. 게다가 잔뜩 움츠린 우리에게 들려오는 몇 가지 소식은 서글프고도 충격적이다.

#1. 한국인은 인생에서 '가족'보다는 '물질적 풍요'를 중요시한다. 퓨리서치센터가 지난달 말 세계 17개국 성인들을 대상으로 조사한 결과다. '삶을 의미 있게 하는 것은 무엇인가'라는 질문에 14개국 국민들이 '가족과 자녀'를 꼽았다. 그런데 한국인은 '물질적 풍요'를 1순위로 꼽고, 이어서 건강, 그리고 가족은 세 번째였다. '물질적 풍요'가 모든 국가에서 상위 5개 항목에 포함되기는 했지

만, 그것을 1위로 꼽은 나라는 한국이 유일했다.

#2. 세상과 담을 쌓고 사는 은둔형 외톨이 청년이 늘고 있다. 100명 중 3명꼴이라고 한다. 청년 실업 때문이다. 한국경제연구원에 따르면 청년 4명 중 1명은 실업자이고, 구직자 10명 중 6명은 취업을 포기했다고 한다. 학교도 직장도 다니지 않는 '니트족NEET; Not Employment, Education or Training' 청년이 170만 명을 넘었다고 한다. 그나마 20·30세대 취업자 중 40%가 36시간 미만의 '단시간 근로자'다.

#3. 빈곤한 노년세대가 관심 밖으로 밀려나고 있다. 특히 여성 가구주 노년세대는 3명 중 2명이 빈곤 상태라고 한다. 우리나라의 노인빈곤율은 OECD 국가 중 상위권이다. 국가는 노인의 삶을 걱정하기보다 이들을 부양할 청장년층의 부담만 걱정하고 있다. 지금은 일하는 사람 5명이 노인 1명을 부양하지만 50년 후에는 일하는 사람 1명이 노인 1명을 부양해야 한다고 한다. 누구나 노인이 되는데 아무도 가난한 노인들의 고단한 삶을 쳐다보지 않는다.

가족을 귀중히 여기고, 어른을 대접하며, 청년들에게 꿈과 용기를 주었던 아름다운 우리 문화는 어디로 사라졌나. 약자들과 소외된 자들을 배려하는 인정이 남아있기나 하는지도 궁금하다. 사정이 이러한데도 정부는 우리나라가 톱10의 나라가 되었고, 선진국

반열에 들었다고 자랑한다. 지난 7월 초 유엔무역개발회의UNCTAD가 우리나라의 지위를 개발도상국에서 선진국으로 변경함으로써 세계의 객관적 평가를 받았다는 것이다.

나라마다 고유하고 독특한 문화가 있다. 선진국들에도 그들 나름의 문화적 가치와 품격이 있다. 질서, 청결, 안전, 자율, 창조, 협력, 신뢰, 그리고 인간존중 등이다. 서울대 공대의 이정동 교수는 선진국에는 '미래지향적 문화'가 있다고 말한다. 미국 노스웨스턴 대학의 조엘 모키어 교수는 '성장의 문화'라는 유전자가 혁신 활동을 뒷받침할 때 미래지향적인 선진국 문화가 탄생한다고 강조한다. 과학적 합리주의, 개방적 태도, 기업가에 대한 사회적 존경, 과학기술인재 중시가 핵심이다. '성장의 문화'와 혁신 친화적인 제도가 정착되어야 진정한 선진국이 된다.

선진국에 선진국 문화가 있듯이 기업에도 기업문화가 있다. 기업문화는 구성원들이 공유하는 가치다. 공동의 가치와 신념에 동화되면 그 집단에 대한 분명한 소속감을 느끼고 애착을 가지게 된다. 기업문화가 부실하면 '옳은 일'을 하려는 마음이 느슨해지고 '나한테 좋은 일'을 하려는 마음만 강해진다. 결국 좋은 문화가 회사를 키우고, 좋은 리더가 좋은 문화를 만든다.

최근 미국 시사주간지 《타임》이 일론 머스크를 '올해의 인물'로 선정했다. "머스크만큼 지구에서의 삶과 어쩌면 지구 바깥의 삶까지 비범한 영향을 끼친 사람이 없다."는 것이 선정 이유다. 테슬라의 실적 호조와 함께 스페이스X는 민간인만을 우주선에 태운 채 지구궤도를 도는 우주관광을 성공시켰다. 그는 올해 최고의 성장과 혁신을 이루었다. 아마존의 CEO 제프 베조스도 1999년에 '올해의 인물'로 선정된 바 있다. 실수와 실패의 연속으로 파산 직전에 몰리기도 했던 아마존은 '모든 것을 파는 가게 everything store'가 되어 세계 최고기업으로 성장했다. 이들의 성공은 '아무도 탐험하지 않은 곳에서 출구를 찾아, 멈추지 않고 달리는 성장과 혁신'의 기업문화에 기인한다.

사람은 누구라도 문화와 분리될 수 없다. 문화의 소산물인 문학과 예술, SNS, 음식, 의식儀式 등에는 우리 삶의 모습과 정체성이 담겨 있다. '우리가 누구인지'에 관한 이야기가 있다. 소설가 얀 마텔의 말처럼 문화가 없다면 우리는 "어디로 가는지, 왜 가는지도 알지 못한 채, 배회하는 고독한 동물"에 불과하다. 국가든 기업이든, 어떤 단위의 조직이라도 문화가 그 존재의 가치와 품격을 규정하는 법이다. 지금 대한민국의 문화는 과연 어떤 모습일까?

매우 힘든 시절이다. 그래도 2022년 새해 희망을 가져보자. 윈스턴 처칠의 말처럼 "절대 포기하지 말자. 절대로, 절대로 포기하지 말자."

(2021.12.20.)

경영의 창으로 본 세상

08

회사 이름(社名) 바꾸기

올해는 코로나19의 긴 터널에서 벗어나 새로운 도약을 기대하는 해다. 그래서일까. 새롭게 창업한다는 다짐으로 회사 이름을 바꾸는 기업들이 많다. 새해 첫날 대림그룹이 창사 82주년을 맞아 지주회사 사명을 'DL'로 정했다. 연이어 기아자동차가 이달 15일부터 '기아'로 사명을 변경한다. SK텔레콤도 인공지능AI 빅테크 기업으로 변신하기 위해 새 사명을 검토하고 있다. 엔씨소프트는 '엔씨'로 회사명을 바꿀 예정이다. 이처럼 새해 벽두부터 기업들이 새 이름 짓기를 봇물 터지듯 하고 있다.

기업뿐만 아니라 개인이나 단체도 새 이름을 짓는다. 우리나라의 정당은 이름 바꾸기 선수다. 하도 여러 번 바꾸어서 이젠 새 이름을 지을 때 '○○당'이라는 빈칸을 채우기가 어려울 정도다. 개인도 부모가 지어주신 이름을 귀하게 여겨서 평생 그대로 사용하던 시절은 지나갔다. 자신의 이미지와 맞지 않는다거나, 의미나 발음이 부자연하다고 생각하면 서슴없이 새 이름으로 바꾼다. 마을 이름을 새로 짓는 경우도 많다. 대구에서는 어감이 나쁘다며 수성구 황천동과 달서구 파산동을 각각 황금동과 호산동으로 바꾸었다.

국내 주요 기업들은 창업 시 예외 없이 한자식 사명을 사용했다. '삼성', '현대', '선경', '두산', '효성', '한진' 등이 모두 한자식 한글 사명이다. 20세기 말 글로벌 경제에 진입하면서 기업들이 사명을 영문 약자로 바꾸기 시작했다. 시초는 1995년 그룹시무식에서 구자경 회장이 36년간 사용해오던 '럭키금성 Lucky-Goldstar'을 'LG그룹'으로 사명을 변경한 것이다. 이후 LG에서 계열 분리된 GS그룹, LS그룹, 그리고 LIG그룹이 모두 영문 약자를 쓰고 있다. 한국담배인삼공사는 KT&G로, 선경그룹은 SK로 사명을 바꾸었다. 이처럼 한글 사명을 아예 없애고, 영문 사명만을 쓰는 기업들이 늘고 있다.

KEPCO, KAMCO, KOBACO는 무슨 회사일까. 또 KT, KTX, KT&G, KGC는 어떤 관련이 있을까. 많은 회사가 이같이 암호처럼 보이는 영문 약자를 사명으로 쓰고 있다. 소비자들이 이들을 제대로 해독하기란 거의 불가능하다. 어떻게 읽어야 할지, 무엇을 뜻하는지도 잘 모른다. 당연히 기억하기란 더더욱 어렵다. 영문 약자로 사명을 지은 기업들은 세계화에 걸맞게 외국인들도 쉽게 알아보도록 바꾸었다고 주장한다. 하지만 영문 이름이 사업의 내용을 제대로 전달하는 매력적인지는 잘 따져보아야 한다. '선경 SUNKYOUNG'은 'Sunk Young(가라앉은 젊은이)'로 발음되어 고민 끝에 'SK'로 바꾸었다고 한다. 또 대영자전거는 수출용 자전거에 회사명을 'Dae Young'으로 표기하여 'die young(젊어서 죽는다)'로 읽혀졌고 그 결과 해외시장에서 철수했다는 웃지 못 할 스토리도 있다.

사명은 대개 브랜드명과 함께 표기되는 경우가 많다. 농심은 모든 라면 상품에 사명을 붙이고, LG전자도 모든 가전 브랜드명에 LG를 겹쳐 쓴다. 그런데 호텔을 비롯한 대부분의 서비스업에서는 사명이 곧 브랜드명이다. 유통업에서는 자사 제품에 브랜드명 없이 제품 표시와 함께 사명만을 기재하기도 한다. 제조업에서는 브랜드명이 사명이 된 경우도 있다. '쿠쿠 CUCKOO'는 브랜드명이 인기를 얻자 아예 브랜드명을 사명(원래의 사명은 '성광전자')으로 바꾸었다. '코오롱 KOLON'은 '한국나일론'이 만든 한국 최초의 나일론 원사 제품명이었는데, 1977년부터 이를 사명으로 사용했다.

이처럼 사명은 기업의 정체성과 그 기업만의 차별적 이미지를 나타낸다. 사명에는 기업의 문화와 기업 미션, 사업의 특성, 경영전략 등이 제대로 반영되어 있어야 한다. 시대적 특성이나 환경의 트렌드와 조화를 이루어야 하고, 부르기 좋고 기억하기 쉬워야 하는 것은 기본이다. 사명은 기업의 호칭 이상의 역할을 한다. 잘 만들어진 사명은 고객인지도에 큰 영향을 미친다. 나아가 브랜드 정체성 brand identity을 정립하거나 브랜드 가치를 높여서 마케팅력과 기업경쟁력을 강화한다. 그래서 사명에는 그 기업의 상품과 서비스의 특징이 잘 녹여져 있어야 한다. 또한 사명에 걸맞는 로고 LOGO나 상징 symbol 마크 등을 디자인하는 CI Corporate Identity 작업은 당연히 필수적이다.

대구 신천 동로 칠성시장 부근을 지나다 보면 한 건물 외벽의 대형 현수막에 적힌 '누가 이름을 함부로 짓는가'란 광고를 보게 된다. 맞는 말이다. 이름은 이름값을 해야 하므로 함부로 지을 수는 없다. 그래서 개인이든 기업이든 모든 이름은 '유명무실하지 않고 명실상부하다.'라는 기본 원칙에 충실해야 한다. 새해에 새 사명으로 새롭게 출범하는 기업들이 새 이름에 걸맞는 새 각오로 큰 성과를 이루기를 기대한다.

(2021.01.18.)

경영의 창으로 본 세상

09

경영, 예술에 길을 묻다

경제가 어려울 때 가장 큰 고통을 받는 사람들은 아마도 문화예술계 종사자들일 것이다. 특히 개점휴업, 혹은 휴업과 폐업을 거듭하고 있는 공연예술계 사람들의 생계 문제는 정말로 심각하다. 마침 올해는 문체부가 정한 '2020연극의 해'인데 연극인들의 경제 사정은 갈수록 악화일로로 치닫고 있다. 공연예술인 노동조합의 이종승 위원장은 최근 언론 인터뷰에서 자신도 생계를 위해 막노동을 하며 하루하루를 겨우 버티고 있다고 하소연했다.

예술은 예술가의 자기만족을 위한 것이 아니다. 예술가들에게 예술 활동은 사명인 동시에 생업이다. 그러므로 예술가들도 일반 국민들과 마찬가지로 기본적 권리를 누릴 권리와 자격이 있다. 이들이 경제적 곤경에서 하루속히 벗어날 수 있도록 정부는 대책을 조속히 마련해야 한다. 또한 예술의 실질적 수혜자인 국민들도 예술인들의 일과 사정을 이해하고, 그들의 어려움을 해소하는 데 관심을 가져야 하겠다.

기업 경영에서도 예술계의 노력에 큰 빚을 지고 있다. 제품 디자인은 물론이고, 광고나 홍보, 기획 등 여러 분야에 예술 작품과 예술적 방식을 도입·활용하고 있기 때문이다. 단순한 '경제적 논리'만으로는 인간의 근원적인 욕구를 파악하고 충족시킬 수 없다. 예술 작품이 지닌 심미적, 감성적 요소를 제품과 서비스에 적용하려면 예술의 이해가 필수적이다. 예컨대 디자인은 우리 삶을 매우 안전하고 풍요롭게 한다. 디자인은 미적 만족과 기능적 편리성을 더해서 제품 가치를 높이고 삶의 질 향상에도 크게 기여해왔다. 미술과 음악도 마찬가지다. 기업의 어떤 광고에도 음악과 미술이 배제된 경우는 없었다. 이처럼 기업 활동에서 예술은 선택이 아니라 필수적 요소가 된 지 오래다.

그럼에도 불구하고 예술과 경제는 여전히 크게 다른 분야로 여겨지고 있다. 그러나 미 글로벌금융혁신연구원 김형태 원장은 『예술과 경제를 움직이는 다섯 가지 힘』에서 이 두 분야가 같은 힘에 의해 움직이는 세계라고 강조한다. 특히 위기의 경제에서는 예술가의 눈이 절실하다고 주장한다. 고난의 시대에 처절한 고뇌와 몸부림으로 획기적인 명작을 창조했던 예술 거장들로부터 기업은 위기를 극복하고 지속적 성장을 이어나가는 법을 배울 수 있다. 예술가들이 문제와 위기를 타개하기 위해 던지는 기발한 질문과 경이로운 대답은 위기에 처한 경제와 기업경영에 새로운 시각을 제공해준다. 이것이 경영이 예술에 길을 물어야 하는 이유이다.

미래학자 스탠 데이비스와 데이비드 매킨토시가 『예술가처럼 일하라』에서 제시한 '예술적 경영'이라는 접근법도 이러한 맥락과 궤를 같이 한다. 그들은 '예술적 경영'이 미래의 근본적 비즈니스 개념이자 핵심적 관점이 될 것이라고 하였다. 이것은 제품과 서비스, 고객과 시장, 개발과 생산 및 소비과정은 물론이고, 나아가 조직의 관리와 운영방식 전반에 걸쳐 미학적, 정서적 차원을 적용하는 것을 뜻한다. 예술의 미학적이고 정서적인 풍요가 비즈니스의 전략적이고 실용적인 통찰력과 조화를 이루면 엄청난 혜택이 나타난다는 것이다. 즉, 탁월한 경영성과는 '경제적 논리'와 '예술적 흐름'을 조화롭게 활용한 결과라는 것이다.

'예술적 경영'에는 네 가지 관점이 필요하다. 첫째, 기업의 구성원들이 자신을 예술가로 보는 것이 가장 중요하다. 이는 자신만의 유일무이한 '작품'을 만들어 낼 수 있다는 사고다. 둘째, 일을 '작품'으로 생각하는 것이다. 업무는 더 이상 과제가 아니다. 고객 행복을 위한 창조 활동이다. 셋째, 고객을 경영의 파트너로 영입하는 것이다. 이로써 고객은 회사의 열렬한 후원자가 되어 공동 창조자로 참여하게 된다. 끝으로, 경쟁자를 스승으로 모시는 것이다. 경쟁자가 지닌 역량과 고객에 대한 그들의 인식을 탐구하고, 끊임없이 스스로를 돌이켜 보아야 경쟁자들이 갖지 못한 자신만의 역량을 구축하게 된다.

사람들은 지극한 아름다움이나 경이로운 대상을 보면 '그것참 예술이네'라며 극찬한다. '예술적 경영'은 그러한 아름다움과 의미, 놀람과 흥분, 즐거움을 추구한다. 그러려면 CEO를 비롯한 기업 구성원 모두가 다양한 예술 분야를 폭넓게 이해해야 한다. 예술세계를 보지 못하는 심心봉사가 되지 않도록 상상력, 정서, 예술적 지성, 그리고 경험 등과 같은 예술적 자원을 확보하기 위한 꾸준한 노력을 해야 한다.

우리는 업무에 바쁘다는 이유로, 먹고 사는 데 필수적 요소가 아니라는 생각에, 이러한 노력에 소홀했다. 사업business이란 '바쁜busy'과 '상태ness'의 결합어다. 그래서인지 사업가들은 늘 바쁘다. 바쁘다는 것은 부지런하다란 뜻도 된다. 그러나 '무엇을 위해' 바쁘고 부지런한가에 따라 사업의 성패가 결정된다.

우리는 과연 무엇 때문에 그토록 바쁜가?

(2020.06.22.)

경영의 창으로 본 세상

10

활쏘기와 애자일 경영

2016년 리우올림픽에서 여자 양궁 2관왕을 차지했던 우리 고장 출신 장혜진 선수를 만난 적이 있다. '도깨비 바람' 속에서 과녁에 정확히 맞출 수 있는 비결이 무엇이었는지 물었다. "한 발 한 발에 혼신의 힘을 실어서 쐈습니다." 장 선수의 대답은 단순했다. 하지만 말이 쉬워 혼신의 노력이지 그것만으로 세계 정상의 자리를 차지할 수는 없다. 어느 선수인들 최선을 다하지 않았겠는가. 막강한 경쟁자들을 모두 꺾고 장 선수가 세계 정상에 오를 수 있었던 것은 그가 바람을 이기는 방법을 터득했기 때문일 것이다.

바람을 이기려면 바람을 정확히 계산하는 것이 중요하다. 여기다가 정진명 선생이 『우리 활 이야기』에서 강조한 대로 몸과 정신이 한 덩이로 움직여야 한다. 리우에서 '도깨비 바람'을 극복했던 장혜진 선수가 도쿄올림픽에서는 해설위원으로 나서서 선수들을 응원하고 격려하며 진심이 담긴 해설로 국민들에게 큰 기쁨을 전해주고 있다. 그래서일까. 우리나라가 여자 양궁 단체전에서 올림픽 9연패라는 신화를 달성하였고, 올림픽 양궁 역사상 첫 3관왕도 탄생했다.

양궁과는 달리 우리 활 국궁은 사대와 과녁 사이가 멀다. 화살이 과녁에 이를 때까지 145m를 곡선 비행한다. 따라서 국궁의 '쏜살'이 양궁의 화살보다 바람의 영향을 더 오래 그리고 더 많이 받는다. 어떤 활을 쏘든 활과 화살의 상태는 물론이고 활을 쏘는 사수의 몸자세와 정신력 그리고 바람의 상태가 결과에 영향을 미친다. 사수의 자세나 체력, 그리고 정신력은 훈련을 통해 단련될 수 있다. 하지만 열린 공간에서 활을 쏘는 한 바람을 통제할 수는 없다. 결국 훌륭한 활쏘기는 '쏜살'이 과녁에 도달할 때까지 맞닥뜨리게 되는 바람을 이겨내는데 달려있다.

기업도 바람을 이겨내야 한다. 기업들은 지난 5년 동안 이전 50년 동안 경험했던 것보다 더 많은 변화를 겪었다. 그 변화의 바람을 이겨낸 기업들만 살아남았다. 한때 잘 나갔던 기업들도 바람을 견디지 못하고 추락했다. 대우, 쌍용, 동아 그룹이 그랬다. 1975년 국내 기업 매출 1위였던 대한항공도 침체의 길을 걷고 있다. 코로나19 팬데믹의 영향으로 앞으로 5년 동안은 더 큰 광풍이 불 것이다. 그것은 전혀 생소한 '도깨비 바람'일 것이다. 로봇과 인공지능, 바이오, 자동화 기술이 산업계에 불고 있는 큰바람이다. 로봇은 인간사회에 본격적으로 진입해서 이미 로봇 프로세스 자동화 기술RPA이 단순 반복적인 업무를 점령했다.

기업이 이전과 전혀 다른 비즈니스 환경에 대응하려면 변화무쌍한 바람의 실체를 정확하게 파악하고 민첩하게 대응해야 한다. 기민성 또는 민첩성을 뜻하는 '애자일agile'이 바로 새로운 게임이 된 세상이다. '애자일 프로세스'를 반영하는 기업들이 급속히 늘어나는 이유다. 경영 사상가 스티븐 데닝은 『애자일, 민첩하고 유연한 조직의 비밀』에서 '애자일 경영'을 강조한다. 책 제목이 말해주듯이 시장의 급격한 변화에 민첩하고 유연하게 대응하려면 조직을 탄력적으로 운영해야 한다는 것이다. 속도, 포커스, 유연성이 핵심 요소다. 작은 팀, 고객 최우선과 네트워크로 변화를 재빠르게 감지하여 빠른 의사결정과 피드백으로 변화에 대응하는 경영패러다임이다.

변화하는 비즈니스 환경에 민첩하게 대처하고 새로운 바람을 일으켜 단기간에 성공한 기업들이 숱하다. 창업한 지 몇 년도 안 되어 세계기업으로 자리 잡은 기업들도 많다. 이들은 모두 변화의 바람을 잘 알고 그것을 활용하여 경쟁력을 갖춘 기업들이다. 요즈음 카카오의 창업자 김범수 회장의 성공스토리가 화제다. 대학 졸업 후 짧은 기간 삼성에 재직했던 그가 창업 20년 만에 삼성의 이재용 부회장을 제치고 한국 최고의 부자로 등극했다고 한다. 아마도 '애자일 경영' 덕분일 것이다.

'날카로운 상상력 연구소'의 김용섭 소장은 『프로페셔널 스튜던트』에서 우리나라 기업들은 '가족 같은 회사'라는 사고에서 벗어나야 한다고 강조한다. '애자일 경영'은 실력과 능력을 중시하는 수평적 연대가 필수이기 때문이다. 넷플릭스는 "기업은 스포츠팀이지 가족이 아니다."란 말로 '애자일' 조직문화를 단적으로 보여준다. 나이나 근무기간, 경험, 끈끈한 유대감은 더 이상 중요하지 않다. 프로야구에서 나이나 연차 순으로 에이스가 되지 않듯이, 기업도 프로스포츠 팀 같이 되어야 한다는 것이다.

국궁의 활쏘기는 몸과 마음의 수양을 위한 것이다. 그래서 활터의 예법은 매우 엄격하다. 그게 '궁도 9계훈'이다. 그중에 정심정기正心正己가 있다. 몸과 마음을 항상 바르게 한다는 뜻이다. 또 활 쏘는 과정에서 지켜야 할 '집궁 8원칙'이 있다. 바람의 방향과 세기를 살피는 후관풍세後觀風勢, 화살이 적중하지 않을 때 자신에게서 원인을 찾는다는 반구제기反求諸己도 있다. 변화의 바람을 이겨내기 위한 활쏘기의 귀중한 가르침이다.

(2021.08.02.)

경영의 창으로 본 세상

11

정말 좋은 팀이 되려면

지난 8일 폐막한 '2020 도쿄올림픽'은 코로나19로 무관중 경기를 치렀다. 우리나라는 10위권 목표를 달성하지 못하고 16위에 머물렀으나 다양한 종목에서 선수들이 좋은 경기력을 보여주며 국민들의 성원에 보답했다. 이번 올림픽에서 대한민국 선수들은 4위만 무려 12번을 기록했다. 4위를 가장 많이 기록한 미국, 러시아, 영국에 이어 우리나라는 이 부문에서도 4위였다. 그러나 같은 4위라도 경기에 따라 평가가 다양하다. '감동적인 4위', '아름다운 4위', '그래도 잘한 4위', '무기력한 4위' 등 팬들의 판단이 극에서 극을 달린다.

가장 '감동적인 4위'로 평가된 한국 여자배구팀은 큰 박수를 받았다. 당초 목표인 8강 진출을 초과 달성하기도 했지만 무엇보다도. 선수들의 투혼과 열정, 상호 배려로 강호 일본과 터키를 연이어 격파하면서 국민들에게 큰 감동을 준 결과다. 선수단의 귀국 현장에는 많은 팬들이 나와 열렬히 환영했고, 4강 신화로 불리며 후원과 지지가 잇달았다. 대통령도 "우리 여자 배구 선수들이 특별한 감동을 주었다."며 격려했다. 메달 획득은 실패했지만 캡틴 김연경 선수를 중심으로 팀 전체가 하나로 뭉친 힘을 보여주었다.

반면 같은 4위를 차지한 야구대표팀은 기대에 못 미치는 성적 탓에 '요코하마 참사'로 불리며 '불량 팀'으로 낙인찍혔다. 무기력한 경기 운영과 일부 선수들의 마땅찮은 태도에 팬들이 크게 실망한 결과다. 이들의 귀국 분위기는 싸늘했고 인신공격성 비방까지 나왔다. 특히 개막 전 몇몇 선수들의 일탈 행위가 다시 소환되면서 선수들의 정신력과 자세에 따가운 질책이 쏟아졌다. 한국 야구가 위기라며 선수들과 지도자, 한국야구위원회KBO가 크게 반성해야 한다는 지적도 나왔다.

배구팀과 야구팀의 성과에 대한 팬들의 평가가 이처럼 극명하게 갈린 것은 팀을 이끈 지도자의 지도력과 선수들의 팀워크의 차이 때문이다. 경기에서는 지도자의 전략과 리더십이 매우 중요하며, 팀의 성과는 팀워크에서 결정 난다. 국가대표선수들은 누구나 최선을 다해 플레이했을 것이다. 그러나 팀 경기에서 가장 중요한 팀워크가 고장 나면 당연히 좋은 성과를 기대할 수 없다. 팀워크는 팀 구성원들 간의 협력과 신뢰, 그리고 소통이 필수다.

스포츠 팀뿐만 아니라 어떤 훌륭한 조직에서도 혼자 빛나는 별은 없다. 훌륭한 팀일수록 함께 힘을 모아 극한의 과제들을 달성하기 때문이다. 팀원들이 각자 맡은 역할에 최선을 다하며, 동시에 서로 끊임없이 소통하고 격려하며 일체감을 유지하는 것이 중요하다. 이처럼 팀원들이 신뢰로 끈끈하게 이어져 있을 때, 협동심은 더욱 발휘되고 어떤 어려움도 돌파하게 된다. 요컨대, 팀워크의 기본이 지켜질 때 팀이 능률적으로 작동되고 나아가 조직 전체의 목적도 달성될 수 있다.

팀 제도는 우리 사회의 거의 모든 분야에서 채용되고 있다. 기업에서는 종전의 부·과 제도에서 팀장 중심의 팀 조직으로 바꾼 지 오래되었고, 행정조직에서도 팀 제도를 도입했다. 부·과 제도의 단점인 관리계층을 축소하고 인력 활용의 효율성을 높이려는 취지다. 환경 변화에 보다 유연하게 대처할 수 있고, 구성원들의 경험이나 기술 등 전문성을 바탕으로 상호 보완할 수 있는 유연조직으로 팀제도가 인식되면서 경영혁신의 일환으로 도입되었다.

하지만 팀도 잘못 운영되면 장점 못지않게 단점이 크게 나타난다. 팀 간의 갈등, 팀워크에 필요한 인화 저해, 개인주의 확산, 감독·통제의 곤란, 성과 보상에 대한 적절한 기준의 부재, 팀 내의 운영 문제 등이다. 세계적 경영컨설턴트인 패트릭 렌시오니는 『팀이 빠지기 쉬운 5가지 함정』에서 신뢰의 결핍, 충돌의 두려움, 헌신의 결핍, 책임의 회피, 결과에 대한 무관심에 유의해야 한다고 했다. 결국, 팀에서 가장 소중한 자원은 신뢰를 바탕으로 한 동지애며 협력으로 성취한 경험이다. 그리고 자신의 필요보다 기꺼이 구성원들의 필요를 우선할 수 있는 마음가짐이 가장 중요하다.

요즘 '원팀'이란 말을 자주 듣는다. 대통령도 한국여자배구팀을 칭찬하며 "원팀의 힘으로 세계 강호들과 대등하게 맞섰다."라고 말했다. 여당의 대표는 "당이 원팀이 돼서 국민의 신임을 얻어서 대선에서 좋은 결과를 얻어야 한다."고 강조한다. '원팀'이란 실상 정의가 불분명한 개념이다. 아마도 모든 구성원이 팀 리더를 중심으로 하나로 뭉쳐 일사불란하게 팀워크를 발휘하는 '좋은 팀'이란 뜻일 것이다.

우리나라가 코로나19 경제난국을 돌파하기 위해서도 '좋은 팀'이 필요하다. 우선 우리 경제규모에 걸맞지 않은 복잡한 각종 규제를 걷어내는 일이 시급하다. 그리고 정치권과 정부 그리고 기업이 '원팀'이 되어야 한다. 한마음 한뜻으로 서로 밀어주고 이끌어주는 팀워크를 발휘해야 글로벌 경쟁력을 기대할 수 있다. 이것이 우리 국민 모두가 바라는 '정말 좋은 팀'이다.

(2021.08.16.)

12

사랑한다면, 러브 경영

대구시가 지난달부터 매달 25일을 '착한 소비자의 날'로 정하고, 해당 주간을 '착한 소비주간'으로 지정했다. 지역경제를 활성화하기 위해 공공부문에서 펼치고 있는 '선결제 · 선구매' 운동을 민간에 확대한 것이다. 평소 자주 이용하는 음식점 등에 사용할 금액을 미리 결제하고 재방문을 약속하면서 소중한 이웃인 소상공인과 자영업자들의 어려움을 덜어주려는 착한 소비자 운동이다. 코로나19 경제위기를 지혜롭게 극복하기 위한 이 운동의 기본 요건은 이웃사랑과 공동선의 실천이다.

우리의 이웃은 누구인가. 프랑스 종교개혁가 장 칼뱅은 이웃이란 가장 멀리 있는 사람까지 포함하는 개념이며, 이웃사랑이란 성서의 사마리아인 비유에서 보듯이 '그야말로 전혀 모르는 사람'까지 포용하는 보편적 사랑을 뜻한다고 했다. 그는 보상이나 답례로 혹은 자기유익을 위해 이웃을 돌보는 사랑은 진정한 사랑이 아니며, 설령 사랑받을 가치가 없는 이웃에게도 사랑을 베풀어야 그것이 진정 공동선을 위한 사랑이라고 강조했다. 인도 콜카타의 마더 테레사 본부 벽에 붙어있는 《그럼에도 불구하고》라는 제목의 시의 마지막 구절은 이렇다. "당신이 가진 최고의 것을 세상과 나누라. 언제나 부족해 보일지라도, 그럼에도 불구하고 최고의 것을 세상에 주라."

지구상의 모든 종교는 사랑을 강조한다. 특히 성서에서는 사랑이 가장 위대하다고 가르친다. 사랑이 없으면 어떤 선한 것도 아무런 가치가 없다고 말한다. 그러나 사랑의 실천은 쉽지 않다. 이웃사랑에는 인내와 겸손과 이타적 자세가 요구되기 때문이다. 무엇보다도 타자 중심의 생각과 자세와 행동이 동반되어야 한다. 그리고 사랑을 베푸는 이는 당연히 자신의 불편함과 희생도 각오해야 한다.

이윤 추구를 목표로 하는 기업 경영에서도 사랑이 기본 가치가 되어야 한다. 『러브 매니지먼트』의 저자인 제임스 오트리는 "사랑이 이익을 낳는다. 그러므로 보살핌의 리더십을 실천하라."고 강조한다. 인간은 섬김의 대상이며 따라서 존중, 존경, 사랑해야 하는 존재라는 의미다. 상대에 대한 관심과 배려, 다시 말해 진정한 사랑은 행복감을 안겨준다. 그러므로 고객, 종업원, 투자자, 공급업체 등 이해당사자들로부터 지지를 얻으려면 강한 기업을 넘어서 '사랑받는 기업'이 되어야 한다.

라젠드라 시소디어 교수는 『위대한 기업을 넘어 사랑받는 기업으로』에서 '사랑받는 기업'들의 탁월한 성과를 연구했다. 가장 중요한 점은 이 기업들이 주요 이해당사자들은 물론 지역사회 모두를 고려하는 앞선 비전을 갖고 기업을 경영한다는 것이다. 그들은 또 철저한 자기 인식과 정직함과 성숙함을 실천한다. 그 결과 모든 이해당사자가 이런 기업과 이들이 생산하는 상품에 보기 드문 신뢰를 보내며, 진정한 애정을 키워가게 됨으로써, 마침내 글자 그대로 '사랑받는 기업'으로 자리매김하게 된다.

'사랑받는 기업'의 전형인 홀푸드Whole Food의 기업 목표도 '모든 이해당사자를 만족시키는 것'이다. 따라서 모든 이해당사자의 이익의 균형을 맞추기 위해 참여와 의사소통을 통해 갈등을 조절하면서 상생의 해결책을 찾는다. 이해당사자를 이용 대상이 아니라 파트너로 섬기며, 강력한 결속으로 이웃의식을 형성하고, 사랑으로 공동체를 이끈다. 이것이 모든 '사랑받는 기업'의 장기적 성공 관건이다.

오늘날 마케팅의 핵심은 고객의 마음과 사랑을 확보하는 것이다. 소비자의 지갑만을 노리는 구태의연한 마케팅방식은 이제 더 이상 통하지 않는다. 사치앤사치의 CEO 케빈 로버츠도 "사랑이 모든 마케팅의 토대가 되어야 한다."라고 주장한다. 따라서 기업은 고객을 향한 열정을 가지고, 고객 개개인에 대한 존중을 보여주며, 사회적 책임감으로 무장해야 한다. 인본주의적 영혼, 재미, 성실성, 사랑은 고객들이 그 회사를 신뢰하며 단골고객이 되게 한다. 이처럼 '사랑받는 기업'의 리더십은 섬김 리더십 servant leadership이다. 1세기 전, 도산 안창호 선생은 진정으로 '섬기는 리더'에게는 책임있는 주인의식과 나를 사랑하고 나를 사랑하듯 남을 사랑하는 애기애타愛己愛他 정신이 요구된다고 했다. 그는 정情과 사랑이야말로 성공의 기본 요건임을 애써 강조하였다.

그러므로 기업의 성공지표는 재무성과만이 아니다. 이해당사자들의 근본적 문제를 해결하고, 그들의 삶의 질을 향상하는 데에 공헌하며, 사회적 가치를 더 해야 한다. 그들의 "P&L은 '손익계산서 profit and loss'가 아니라 '사람과 사랑 people and love'이다." 미국 최고의 비즈니스 우먼, 메리 케이 애시 회장의 말이다. 사랑하는 힘보다 강한 것은 없다.

우분트 UBUNTU, "당신이 있어 내가 있다."는 말을 실천해야 할 때다.

(2020.06.08.)

경영의 창으로 본 세상

13

'런(run)'과 시나리오 경영

'걷지 말고, 뛰세요!' 체력단련 구호처럼 들리는 이 말은 수년 전 중국의 한 대도시에서 횡단보도를 건널 때 우물쭈물하던 내게 중국의 지인이 소리친 말이다. 신호등만 믿고 길을 건너다가 혼쭐이 났다. 그의 조언처럼, 운전자나 보행자 어느 누구도 교통신호를 지키지 않았다. "횡단보도를 건너는 방법을 제대로 터득해야 비로소 이곳에 살 자격이 있다."는 우스개도 들었다.

미국에서도 이와 비슷한 장면을 목격했다. 횡단보도의 신호등이 '걷지 말라'는 표시로 바뀔 때 성미가 급한 교포들이 뛰기 시작한 것이다. 미국의 횡단보도 신호등은 '걸어가세요 Walk'와 '걷지 마세요 Do Not Walk'의 두 가지로 표시되는데, '뛰거나 달리는 것'은 '걷는 것'이 아니니 당연히 교통신호 위반이 아니라는 농담도 들었다. 하지만 대도시 횡단보도에서는 여전히 뛰어가는 모습을 보게 된다.

우리나라에서도 '뛰고, 달리라'는 '런 run'이 유행이다. 여러 가지 '런'이 등장했다. 코로나가 초기 유행했던 지난해에는 마스크를 먼저 사려고 약국으로 내 달리는 '마스크런 mask run'이 나타났다. 명품구매를 위해 밤샘 줄서기를 하다가 백화점 문이 열리자마자 매장으로 우르르 내달리는 '오픈런 open run'도 자주 본다. 며칠 전에는 '머지포인트'로부터 환불을 바라는 소비자들이 회사로 몰려드는 '머지런 merge run'이 터졌다. 은행 예금인출사태를 뜻하는 '뱅크런 bank run'도 있다. 최근 아프가니스탄에서는 비행기를 타려고 수천 명이 공항으로 내닫는 '공항런 airport run'도 발생했다.

아프간에서처럼 생사의 갈림길에서 위기를 탈출하려면 당연히 악착같이 뛰고 달려야 한다. 하지만 목숨 걸 일이 아닌데도 정신없이 내달리는 것은 좋지 않다. 뛰고 달릴 때는 아무 생각을 할 수 없고, 방향 감각마저 상실할 수 있으며, 자칫 다칠 수도 있기 때문이다. 그래서 '뛰기 run'보다는 '걷기 walk'가 좋다. 자신의 힘에 알맞은 속도로 걸으면 건강해진다. 또 걸으면서 많은 생각을 할 수 있어 새로운 아이디어를 떠 올리거나 당면한 문제에 올바른 해결책을 찾아낼 수도 있다.

소요학파逍遙學派로도 알려진 아리스토텔레스학파는 이름 그대로 '걷기'를 좋아했다. 고전문학의 대가인 에디스 홀은 『열 번의 산책』에서 "아리스토텔레스가 자신의 스승인 플라톤, 그리고 플라톤의 스승인 소크라테스처럼 걸어 다니면서 생각했다."고 한다. 소크라테스의 철학적 전통을 정면으로 반박한 프리드리히 니체도 '모든 가치 있는 생각은 걸을 때만 얻을 수 있다.'라고 말했다. 그리스어에서 '걷기'는 '살기'와 유의어類義語다. 제대로 살아가려면 걸어야 한다.

철학자들뿐만 아니라 기업의 CEO들에게도 '사색'을 위한 '걷기'가 필요하다. 예측 불가능한 비즈니스 환경에 대응하고 고객의 엄청난 이동속도를 맞추는 동시에 경쟁우위를 확보하기 위해서는 철저한 사색과 민첩한 행동이 요구된다. 그래서 요즘 '애자일agile 경영'이나 '시나리오 경영' 또 '비상경영' 등이 강조된다. 하지만 어떤 경우라도 '행동' 이전에 '사색'이 필수다. 무엇이 어떻게 변할 것인가를 충분히 생각하지 않고서는 대처 가능한 행동방안을 찾기가 어렵기 때문이다.

'시나리오 경영'은 불확실성이 높은 미래 경영환경에서 기업이 보다 유연하게 대처하는데 매우 요긴한 방식이다. 여러 가지 시나리오에 따른 전략안을 미리 만들어 두고 그 가운데 주어진 상황에 가장 적절한 대응전략을 민첩하게 채택하여 상황의 변화에 대처하는 것이다. 지금은 단순한 추측이나 추정에 의해 한 가지 방안을 예견하는 전통적인 미래예측기법에서 벗어나야만 생존이 가능한 시대다.

미국의 아프간 철수작전이 미국 국민은 물론이고 세계인들로부터 여론의 뭇매를 맞고 있다. 다양한 시나리오를 철저히 준비하지 않고 조급히 작전을 실행함으로써 심각한 부작용과 문제점들을 드러냈다. 그 결과 많은 이들에게 극심한 좌절감을 안겨주고 있다. 반세기 전 앨빈 토플러가 『미래의 충격』에서 예견한 대로 우리는 이미 '좌절의 세상'에 살고 있다. 변화의 불확실성과 엄청난 속도가 가져다주는 좌절감을 극복하려면 누구라도 여러 개의 시나리오를 사전에 면밀히 검토해야만 한다.

'시나리오 플래닝'의 대가인 피터 슈워츠는 911테러가 일어나기 7개월 전 워싱턴-뉴욕의 주요 건물에 대한 대대적인 테러공습의 위험성을 경고하는 보고서를 부시 행정부에 제출했다. 그러나 당시 부시 대통령을 비롯한 각료들은 이 시나리오를 가볍게 여기고 무시해 버렸다고 한다. '보고 싶은 것만 보고, 듣고 싶은 것만 듣는 오류'에 사로잡힌 결과다. 지금 우리나라의 지도자들은 어떤가.

박정희 전 대통령이 생전에 강조했던 유비무환有備無患이란 말이 절실히 다가오는 요즘이다. 우리 모두 제발 뛰지 말고 걷자.
(2021.08.30.)

2부

기업의 본질과 경영자 역할

돈을 버는 것은 예술이고,
일하는 것도 예술이고,
비즈니스야말로 예술이다.

— 앤디 워홀 Andy Warhol, 팝아티스트

기업가는 사업을 통해서 세상에 표현하는 사람들이다.
화가나 음악가들도 마찬가지다.
자신을 세상에 표현하는 것,
그런 표현을 위해서 최선을 다하는 삶에는 늘 감동이 있다.

— 공병호, 경영전문가

경영의 창으로 본 세상

01

기본과 원칙이 경제다

"불황의 유일한 원인은 호황"이라는 프랑스 경제학자 쥐글라르의 말이 실감나는 오늘이다. 다들 어렵다는 말뿐 어떻게 풀어야 할지는 제 각각이다. 정부나 몇몇 민간연구소에서는 하반기부터 우리 경제가 하락세를 벗어나 경기 전환이 이뤄질 거라는 낙관적인 전망도 내놓고 있다. 그럼에도 불구하고 여전히 정부의 경제정책에 대한 극단적인 비관론이 우세, 한국경제의 추락이나 파탄을 걱정하는 목소리가 커지고 있음을 우리는 피부로 느끼고 있다.

솔직히 한국은 지난해 수출액으로 따진다면 세계 5위다. 중국,

미국, 독일, 일본 다음이다. 상상도 못할 쾌거다. 이런 기적과 같은 쾌거를 거머쥐고도 우리의 서민경제는 날로 심각해져 가고 있다. 골목상권이나 재래시장에서는 개점 휴업이 다반사고 폐업하는 로드샵도 속출, 서민가계는 죽을 맛이다. 덩달아 중소기업들도 일감 부족에 자금난까지 겪으며 아우성이다. 20세기 말 금융위기 때보다 훨씬 심각한 상황이라고 입을 모은다.

주 52시간 근로제, 최저임금 인상, 비정규직의 정규직화에다 원전 축소 내지 폐지에 따른 여파 등 우리경제의 악재는 주위에 지천으로 널려있다. 여기에다 미국의 보호무역주의 대두와 세계 양대 경제대국 사이의 무역 분쟁, 미국을 비롯 몇몇 선진국을 제외한 세계적인 불황국면, 이란의 핵문제, 반도체 등 우리 주요 수출품목 수요 감소와 가격경쟁력 약화에 최근 일본의 반도체 소재 수출규제까지 겹쳐 그야말로 파김치다.

국민들은 경제의 실상을 제대로 인식하지 못한 정부의 잘못된 경제정책이 이 같은 심각한 경제위기의 배후임을 잘 알고 있다. 물론 국가경제의 어려움이 반드시 정부의 정책 때문만은 아닐 것이다. 그에 못지않게 기업이나 가계도 책임은 크다. 강소기업이 많고, 소비의 미덕이 제대로 발휘되는 나라는 세계경기나 정부정책의 변화에 쉽게 휘둘리지 않음을 우리는 잘 알고 있다. 휘둘리지 않는 그만한 이유가 있어서다. 기본과 원칙이 확고하기 때문이다.

아무리 힘들고 위험 요인이 불어 닥친다 해도 기본과 원칙이 바로 서 있으면 그 기업이나 가계는 충분히 역경을 헤쳐나갈 수 있지만 그렇지 못하면 그 결과는 심각해 질 수밖에 없다.

대구에서 40여 년 동안 성장한 A기업은 '세계최일류기업'이라는 슬로건을 내 걸고 있는 강소기업이다. '초일류'가 아닌 '최일류'란 생소한 슬로건에 끌려 그 기업 CEO에게 질문을 던졌다. 돌아온 답은 의외로 단순 명확했다. "생산하는 제품의 품질을 세계에서 최고로 인정받아 계속 일류기업으로 성장하기 위해서였다."는 것이다. 그러면서 "어떤 경우라도 기업경영에서 기본과 원칙을 지켜온 것이 곧 성장의 바탕이었다."고 덧붙였다.

보잉사의 CEO 제임스 맥너니도 "화려한 스킬보다는 강력한 기본이 기업의 힘"이라고 갈파했다. 이는 경영자는 강력한 기본을 갖추려는 노력을 기업경영의 최우선 과제로 두어야 한다는 말이다. 모든 개체나 조직에는 기본이 잘 갖추어져 있고 특유의 원칙이 정립돼 있어야 성공이 보장됨은 당연한 원리다. 특히 생산 경제의 주체인 기업이야말로 바른 자세와 원칙을 견지해야만 기업 활동을 제대로 펼쳐 나갈 수 있다. 자동차 대량생산 체계를 처음 갖춘 헨리 포드는 "경제적으로 올바른 것은 도덕적으로도 올바르다. 좋은 경제와 좋은 도덕 사이에는 모순이 있을 수 없다."고 했다. 이 말도 실은 기업이 갖춰야 할 기본의 우회적인 표현이 아닐까 싶다.

원칙이 정해지고, 정해진 원칙을 실행하는 일도 기업으로서는 당연히 감내해야 할 덕목이다. 인도의 다국적 복합기업 타타그룹 라탄 타타회장은 "원칙이 최고의 전략"이라고 했다. 그것은 비즈니스의 초석이 되고 나아 갈 방향을 비춰주는 등대와 같은 역할을 하기 때문이다. 원칙은 행동의 기준이고 사업의 결정 기준이 된다. 자원의 투입, 업무의 처리방식, 고객을 대하는 태도 등 모든 것이 원칙의 적용 대상이다. 성공한 기업은 구성원 모두가 원칙을 이해하고 중시하며 현실경영에 잘 적용한다. 원칙은 '내가 원하는 것은 무엇인가', '무엇이 진실인가', '무엇을 해야 하는가'에 대한 답을 준다. 원칙을 가지고 행동하면 성공했든 실패했든 결과를 원칙에 비추어 평가할 수 있고 새롭게 개선해 나갈 수 있다. 그리고 성공의 잣대를 수익이나 성장 등 기업 내부에만 두지 않고 종업원의 행복, 고객과 사회 그리고 국가에 대한 헌신에 두게 된다.

성공을 위해 경영자는 끊임없이 비즈니스 트렌드를 읽고 기업경영에 적용해 나가야 한다. 새로운 경영이론이나 기법을 도입하는 것도 필요하다. 그러나 원칙과 기본을 갖추는 일보다 우선하는 것은 없다. 그러기 위해서는 복잡한 이론에 휩쓸리지 말고 교과서로 되돌아가는 일이 중요하다. 기업경제나 경영에서 어려울수록 정답은 교과서에 있다.

호시노 리조트 사장 호시노 요시하루는 "기업재생의 원칙을 교과서에서 배웠다."고 술회한 적이 있다. 교과서 지식은 단순 명료하면서도 기본과 원칙이 그 바탕이질 않는가. 더욱 강하고 존경받는 기업이 되기 위해 이번 여름휴가에는 차분히 경영학과 경제학 교과서를 읽어 보시기 바란다. 내친김에 마케팅이나 심리학과 사회학 교과서도 함께 권유 드린다.

(2019.07.08.)

경영의 창으로 본 세상

02

대추가 주는 경영의 지혜

올해 추석 명절에는 MZ세대를 중심으로 자기 집에서 추석을 보내는 일명 '홈추 home+추석 족'과 '귀포 귀성포기 족'이 크게 늘어났다고 한다. 감염위험도 줄이고 '명절 잔소리'도 피하려고 아예 친지 방문을 하지 않는 이들이 많았기 때문이다. 추석이 전통적 '명절'이라기보다는 휴식을 취하는 또 하나의 '연휴' 기간이 된 듯하다. 하지만 추석 연휴가 끝나자마자 신규 확진자가 급증하여 국민들의 불안감이 매우 커지고 있다. 방역 당국은 추석 명절 기간에 사람 간 대면접촉이 많이 늘어났기 때문이라고 한다.

추석 직전에 지인이 추석 명절의 차례상에 오르는 과실인 '조율

이시棗栗梨柿'의 심오한 의미에 관한 글을 SNS로 보내왔다. 그 가운데 대추에 관한 해설이 무척 흥미로웠다. 암수가 한 몸인 대추는 한 나무에 엄청 많은 열매가 열린다. 꽃 하나에 반드시 열매가 맺히고 나서 꽃이 떨어지며, 절대로 헛꽃은 없다는 것이다. 대추씨는 절개를 뜻하고 순수한 혈통과 자손의 번창을 기원하는 의미를 지니고 있다고 한다.

대추에 관한 걸작 시가 있다. 학생들에게 삶의 자세에 대해 잔소리를 할 때 자주 인용했던 장석주 시인의 《대추 한 알》이다.

저게 저절로 붉어질 리는 없다
저 안에 태풍 몇 개
저 안에 천둥 몇 개
저 안에 벼락 몇 개
저 안에 번개 몇 개가 들어 있어서
붉게 익히는 것일 게다

저게 혼자서 둥글어질 리는 없다
저 안에 무서리 내리는 몇 밤
저 안에 땡볕 두어 달
저 안에 초승달 몇 날이 들어서서
둥글게 만드는 것일 게다

대추야
너는 세상과 통하였구나

장 시인은 정말 천재다. 그는 최고의 인문학자이며 동시에 그의 관찰력은 과학자를 능가한다. 붉게 물든 대추 한 알에 우주를 넉넉히 집어넣고, 거기다가 둥근 모양에는 우리네 힘든 삶을 생생하게 새겼다. 이 시에는 어떤 덧말도 사족일게다. 격동의 세월, 삶의 고난과 인내와 기다림을 이 시보다 더 잘 표현할 수는 없다.

우리나라에서 관혼상제의 필수품인 대추는 삼국시대부터 귀한 과일로 대접을 받아 왔다. 가난한 선비가 양식이 떨어지면 대추 한 알로 끼니를 대신했다는 옛이야기도 있다. 대추는 밤, 감과 함께 삼실과三實果로도 불린다. 그런데 삼실三實철학이란 것도 있다. 고졸 출신의 9급 공무원에서 차관과 대학 총장까지 역임한 전 인천재능대학교의 이기우 총장의 삶의 철학이다. 그는 '진실, 성실, 절실'이란 삼실三實을 몸소 실천하며 세상과 통하였다. 절실함으로 온갖 고통을 참으며 진실하고 성실하게 일해 온 그의 삶은 장 시인이 그린 《대추 한 알》을 꼭 닮은 듯하다.

경영자도 대추에서 큰 지혜를 얻는다. 기업을 경영하다 보면 태풍, 천둥, 벼락, 번개를 수도 없이 만난다. 고독과 목마름과 추위도 무시로 맞닥뜨린다. 경영자는 당연히 이런 것들을 극복하고 견디어 내야 한다. 그러려면 자기가 하는 일에 즐거움과 사명감과 의미를 지니고 성공을 확신해야 한다. 쉼 없이 닥치는 숱한 시련과 어려움을 '참으면서' 매 순간 목표를 향해 걸어가는 강인함도 있어야 한다. 온갖 불행과 역경은 나약한 인간에게는 독이 되지만 강인한 사람에게는 큰 인물로 성장할 수 있는 자양분이기 때문이다. 경영의 성취감은 바로 이런 사람에게만 주어진다.

한국 경영학계의 구루로 존경받고 있는 한양대학교 윤석철 석좌교수는 『삶의 정도』에서 '경영'과 '삶'의 바른 길(정도正道)을 명료하게 제시하고 있다. 삶과 경영의 정도는 '내일을 위한 목적'을 제대로 정립하고, 이를 달성할 수단을 잘 준비하고 축적하는 일이라고 말한다. 그런데 그 '목적'은 다른 사람에 의해 주어지는 것이 아니다. 오로지 자기 스스로가 정립해야 하며, 그것은 부단한 자기 수양과 미래에 대한 성찰을 통해 축적된 교양과 가치관에 의해 결정된다고 강조하였다.

윤 교수는 기업이 생존하려면 고객에 대한 감수성, 상상력, 현실에의 적합성에 대한 꾸준한 탐구가 중요하다고 역설했다. 이것은 '좋은 시'에 대한 장석주 시인의 주장과 궤를 같이한다. 그는 좋은 시란 "익숙함 속에서 익숙하지 않음을, 하찮은 것에서 하찮지 않음을 찾아내는 것, 그래서 누구와도 닮지 않은 목소리를 내는 것"이라고 설명했다. 기업이 경쟁력을 갖추기 위한 노력도 이러해야 한다. 상상력을 발휘하여 차별성과 간결함을 꾸준히 확보하는 것이 경영의 정도이기 때문이다. 여기에다 신이 손을 뻗쳐서 도와주고 싶을 만큼 자기 일에 전념하면 어떤 상황에서도 반드시 성공한다.

삶에 큰 위로와 올바른 방향을 알려주는 시, 《대추 한 알》은 요즘같이 힘든 날에 어려움을 견디고 이겨낼 수 있는 경영 잠언이다. 지혜의 글을 만든 장 시인이 마치 경영의 달인처럼 느껴진다. 훌륭한 시인은 경영자의 사표師表라도 되는 걸까.

(2021.09.27.)

경영의 창으로 본 세상

03

착한 기업이 강한 기업이다

코로나19의 확산으로 나라가 여전히 긴장 속에 있다. 다행히 완치된 사람들이 늘고 있다는 희소식이 들려오고 있다. 희생과 봉사 정신으로 치료에 최선을 다하는 우리 의료팀과 보건당국에 큰 박수와 격려를 보낸다. 완치로 퇴원한 중국 여성 A 씨가 의료진에게 보낸 감사 편지가 화제가 되고 있다. 그는 '고쳐주는 사람에게 어진 마음이 있다.'라는 뜻의 한자 성어 '의자인심醫者仁心'을 언급하며, "내게 의료진은 의자인심 이상이었으며 절대로 잊지 않겠다."라고 말했다.

환자의 생명을 돌보는 의사에게는 반드시 착한 마음이 있어야 한다. 기업도 의술과 마찬가지로 착한 기업이 될 것을 요구받고 있다. 그런데 노벨경제학상(1976) 수상자인 밀턴 프리드먼은 기업은 이윤을 창출하기 위해 존재하며, 투자자를 위한 이윤 극대화가 기업의 궁극적인 목적이라고 주장하였다. 그러면서 "기업의 사회적 책임 CSR: corporate social responsibility은 기업이윤을 늘리는 것이다."라고 단언했다. 그러나 오늘날 이러한 주장에 동의하는 이는 드물다. 영리만을 추구하는 기업은 살아남기가 어려운 시대가 되었기 때문이다. 오히려 나눔을 실천하면서 사회공헌에 앞장서 공동체를 위한 가치를 창출하여야 한다는 것이 정설이다.

기업이 '이윤을 넘어서는 무언가'를 추구하여, 책임 있는 기업 시민 corporate citizen이 될 때 공동체와 건강한 관계를 맺게 된다. 기업이 사회에 공헌하는 방식도 수익 일부를 사회에 환원하는 단순한 방식을 넘어서 높은 차원의 공헌 활동을 전개해야 한다는 주장이 힘을 얻고 있다. 하버드대학의 마이클 포터 교수가 제안한 '공유가치창출 CSV: creating shared value'이 그것이다. CSV란 기업이 경제적 수익을 추구하면서 종전에 공공의 영역으로 여겨졌던 환경, 빈곤, 차별 등 당면한 사회문제 해결에 앞장서 착한 기업으로 인정받는 것을 말한다.

마케팅에서는 이를 '대의大義 마케팅 cause related marketing'이라고 한다. 고객의 영혼에 호소하는 인간 중심의 마케팅이다. 1983년

아멕스카드가 미국의 상징인 '자유의 여신상' 복원을 위해 벌인 캠페인이 첫 사례다. 고객이 아멕스카드로 1달러를 구매할 때마다 회사에서 기금에 1페니씩 기부한 것이다. 캠페인이 벌어지는 동안 기존고객의 카드 사용량은 27%나 늘었고 신규 카드 신청자도 45% 증가해, 아멕스는 복원에 필요한 전액인 170만 달러를 모으는 데 성공했다. 이로써 자유의 여신상은 1986년 100주년 기념식에 맞추어 다시 헌정될 수 있었다.

우리나라에서 대의 마케팅의 모범은 유한킴벌리이다. 1984년 '우리 강산 푸르게 푸르게'란 캠페인을 시작한 이래로 약 5천2백만 그루 이상의 나무를 심고 가꾸어 오고 있다. 유한킴벌리는 '숲과 사람의 공존'이란 철학을 바탕으로 숲과 나무의 소중함을 적극적으로 알리고 있다. 또 1999년부터는 '학교 숲 조성사업'을 통해 약 730여 개의 학교를 대상으로 학교 숲을 조성해 도시 내 학교 숲의 가치를 재발견하고 진정성을 부여한 것으로 평가되고 있다.

한국피앤지의 다우니는 소비자에게서 받은 사랑을 자연보호활동을 통해 되돌려주며 사회공헌을 실천하고 있다. 지난해 10월 '세계에서 가장 긴 야생화길(295.1km)'로 '지리산 둘레길'을 기네스 세계기록에 올렸다고 한다. 이곳에 서식하는 3,500여 종의 한국 야생화를 보호하는 캠페인을 다우니가 앞장서 꾸준히 전개한 결과이다.

스탠퍼드대학의 켈리 맥고니걸 교수는 『스트레스의 힘』에서 사람들은 공익적 목표와 연결되어 있을 때 기분이 더 좋아진다고 주장하였다. 더 희망에 차 있고, 호기심이 강하고, 고맙게 여기고, 영감에 넘치며, 신이 나서 한층 더 행복하고 삶에 만족한다고 한다. 미래학자 존 나이스비트는 "수입이 5만 달러 이상인 가정 중에서는 자신들이 지지하는 공익 목적에 어떤 기업이 관련되어 있을 때 그 이유만으로 그 기업의 상표를 선택하는 비율이 82%에 이른다."고 하였다. 이같이 공익적 목표를 추구하는 회사가 더 많은 존경과 사랑을 받고 경제적 목표의 달성가능성도 더 커진다.

그러나 여전히 많은 기업이 착한 일에도 돈이 들기 때문에 우선 돈부터 벌고 착한 일은 나중에 하겠다고 한다. 신현암과 이방실은 『빅프라핏』에서 이익을 피로, 사회공헌을 심장에 비유하였다. 피가 돌지 않으면 사람이 죽듯이 이익은 기업의 생명과 직결된다. 그런데 그 피는 튼튼한 심장에서 나오는 깨끗하고 따뜻한 피여야 한다는 것이다. 이익을 뛰어넘어 세상에 공헌하는 착한 기업이 시장에서 오래 사랑과 존경을 받으면서 더 큰 이득을 누리는 사례는 차고 넘친다.

착한 기업은 강하고, 반드시 성공한다.

(2020.02.17.)

경영의 창으로 본 세상

04

중소 벤처기업이 성공하려면

이달 초 대구신문이 주최하는 『제6회 대구·경북 중소·벤처기업 대축전』이 엑스코에서 열렸다. 지역경제발전의 버팀목이 될 벤처기업의 육성과 발전을 지원하기 위해 정성들여 마련한 매우 유익한 행사였다. 성장가능성이 있는 이 지역 벤처기업들을 선정하여 시상하고, 이들의 미래경쟁력 확보에 힘을 실어준 자리였다. 참석한 중소 벤처기업 경영자들에게 많은 도움과 큰 격려가 되었으리라 믿는다. 행사 관계자 여러분들의 노고에 존경과 감사를 드린다.

벤처 venture 사업은 문자 그대로 모험산업이다. 벤처 이야기는 16세기 셰익스피어의 5대 희극 중 하나인 『베니스의 상인』에도 나타난다. '인육저당재판' 이야기가 그것이다. 베니스 상인 안토니오가 고리대금업자인 샤일록에게 저당 잡힌 배의 선적물이 난파되어서 빚을 갚지 못하자 샤일록이 법정에 제소하였다. '살은 베어가되, 피는 한 방울도 흘려서는 안 된다.'란 유명한 판결이 여기서 나왔다. 희극에서의 해상무역처럼 모든 벤처사업에는 큰 위험이 따른다. 그러나 리스크 risk 없는 수익성 좋은 비즈니스는 없다. 수익이란 대체로 위험을 감수한 대가로 얻는 것이기 때문이다.

벤처기업이 성공하고 있는 대표적인 나라는 미국과 이스라엘이다. 벤처산업은 미국이 1980년대의 경제위기에서 오늘날 최고의 경쟁력을 갖춘 나라로 탈바꿈하게 된 원동력이 되었다. 소위 실리콘밸리의 기적이다. 구글, 테슬라, 애플, 페이스북, 에이앤디, 트위터, 우버가 다 이곳에 모여 있다고 한다. 이 스타트업 start-up들이 기업가정신으로 무장하여 소위 '파괴적 혁신'으로 자생력을 확보하면서 단기간에 세계 최고의 경쟁력을 갖추고 많은 부를 창출해내었다. 미국 못지않은 벤처창업국가는 단연 이스라엘이다. 인구 1인당 스타트업 기업이 전 세계에서 가장 많고 창업 정신이 넘쳐흐르는 나라다. 이스라엘 벤처의 강점은 '글로벌 시각'이다. 자국 내수 시장은 안중에도 없고 어떻게 하면 세계 시장에 진입하고 성공할 수 있을지가 그들의 관심사이다.

우리나라에서도 벤처창업이 매우 활발하다. 중소기업벤처부는 지난 10년간 매년 창업기업 수가 증가하였다고 한다. '창업기업동향'에 따르면, 올해 8월 기준 창업기업이 9만 7,428개, 그 중에서 기술창업부분은 1만 7,236개를 기록했다고 한다. 이처럼 창업과 벤처에 대한 관심과 열기는 식을 줄 모르고 계속되고 있다. 대학가에서도 종전 취업 위주의 사회진출 풍조에서 벗어나 이제는 창업이 대세고 벤처 창업 또한 매우 활발하다. 벤처 강좌는 개설된 지 오래고, 대학 내 연구실 창업도 꾸준히 이어져 왔다. 대학원 석·박사과정에 벤처창업학과를 둔 대학들도 상당수다. 창업과 벤처 열풍은 여전히 현재진행형이다.

그런데 장밋빛 희망으로 출범하는 벤처기업은 과연 성공하고 있는가. 성공의 정의는 다양하겠지만 미국 등 선진국에서도 사업화 후 성공률은 채 5%가 되지 않는다고 한다. 우리나라에서는 1% 미만이며, 중소 벤처기업의 성공 가능성은 0.1% 정도에 불과하다고 한다. 벤처기업은 개척자 정신으로 무장한 기업가, 실험정신이 충만한 고급인력, 실패를 격려하고 존중해주는 사회적 풍토와 벤처비즈니스 인프라의 구축, 충분한 수요창출 능력 등이 바탕이 되어야 성공할 수 있다. 그리고 기술보다도 고객정보를 토대로 고객이 무엇을 원하는지를 제대로 아는 지식이 매우 중요하다.

벤처기업이 성공하기 위해서는 반드시 넘어야 할 큰 산이 있다. 캐즘chasm이다. 이것은 벤처기업이 잘 성장하다가 단절이 생기는 난관을 지층 사이 협곡에 빗대서 표현한 것이다. 특히 첨단 기술제품은 다수의 수요자가 쉽게 사용할 수 있기까지 상당한 시간이 걸려 주류시장에의 진입이 매우 어렵다. 초기시장에서의 성공 예감을 믿고 그대로 나갈 때 여지없이 절벽을 만난다. 가장 훌륭한 처방은 제대로 된 마케팅이다. 주류시장에 진입하려면 반드시 확산을 위한 마케팅전략이 필요하다. 제프리 무어 교수는 『캐즘 마케팅』에서 새로운 것에 대한 소비자의 두려움을 극복해야 하고, 경쟁상대에 대한 철저한 이해가 무엇보다도 우선이라고 강조한다.

캐즘은 벤처사업에만 있는 것이 아니다. 누구나 인생길에서 크고 작은 캐즘을 만난다. 영웅들의 삶에도 죽음을 방불케 하는 '고난의 행군'이라는 캐즘이 있다. 영웅 이야기는 대개 상상을 초월한 고난 극복의 감동스토리다. 『오디세이아』에서 오디세우스는 저승세계를 벗어난 뒤 부하들에게 고난의 가치를 말해주며 격려하였다. 후일 로마건국의 시조가 된 트로이전쟁의 패전 영웅 아이네아스도 지옥의 관문을 통과하며, "아마 이 고생도 그대들에게는 언젠가는 즐거운 추억거리가 될 것이오."라고 말했다. 어려운 여건 속에서 성공을 위해 안간힘을 다 쏟는 중소 벤처기업인들의 모습을 행사장에서 보았다. 세밑, 간절히 바라건대 이들 모두가 '고난의 행군'을 잘 마치고 반드시 성공하는 새해를 맞으시기를 빈다. (2019.12.09.)

경영의 창으로 본 세상

05

CEO의 기본: 사명, 진정성, 배움의 리더십

입만 열면 돈타령인 트럼프 대통령이 자기 참모였던 사람으로부터 크게 꾸지람을 받게 되는 모양이다. 이달 초 미국에서 출간된 『콜 사인 혼돈: 리드하는 법을 배우다』에서 제임스 매티스 전 미 국방부장관이 현직 대통령의 외교, 안보 분야의 문제점을 강하게 지적했다고 현지 언론이 보도하였다. 그는 "동맹이 있는 국가는 번영하지만 그렇지 않은 국가는 쇠퇴한다."며 트럼프의 리더십을 작심 비판하였다고 한다. '수도승 전사'로 불릴 정도로 철저한 군인이자 정치가로 살아온 매티스는 결혼할 시간이 없다며 평생을 미혼으로 지낸 청렴한 리더로 인정받고 있다. 1991년 걸프 전쟁의 영웅 미국의 전 국무장관 콜린 파월도 "리더의 헌신과 최선의 모습이 곧 조직의 탁월성을 결정한다."라고 하였다. 리더가 바르게 그리고 최선을 다하는 모습을 보일 때, 그 조직의 구성원들도 헌신하게 된다. 이처럼 평범한 사람들이 비범한 결과를 이루게 하는 에너지원은 다름 아닌 리더십이다.

기업경영은 곧 '사람경영'이라는 말이 있다. 그러므로 최고경영자의 리더십은 기업성공의 결정적 요인이 된다. 최고경영자의 영어식 표현인 CEO chief executive officer란 단어는 실상 군사 용어인 officer 士官에서 유래되었다. 기업은 존재 이유부터 대부분 군대와는 크게 다르지만, CEO의 자질이나 역할 등 많은 부분에서는 공유되기 때문일 것이다. 그 까닭에 병법의 고전인 중국의 『손자병법』이나 프로이센 장군 클라우제비츠의 『전쟁론』은 경영자의 필독서가 되어 있다. 실제로 일본 최고의 자산가인 손정의도 자신의 인생 최고의 책으로 『손자병법』을 꼽고, 지금도 사업의 전환점이나 어려움에 부딪칠 때는 이 책을 읽으면서 지침을 찾는다고 한다.

리더 leader란 리딩 leading하는 사람, 곧 조직 내 여러 사람들이 목표를 달성하도록 이끄는 사람이다. 그렇다면 훌륭한 리딩을 위해 CEO는 어떤 리더십을 갖추어야 할까? 매우 많은 연구와 다양한 이론과 견해가 있다. 그런데 가장 중요하게 꼽는 리더십 요소는 리더는 '조직의 존재 이유'를 명확하게 설정해야 한다는 것이다. 기업경영의 핵심은 '우리가 세상을 위해 무엇을 왜 해야 하는가'를 끊임없이 되새기는 일이기 때문이다. 이것은 기업이 추구하는 사명이며 경영이념이다. 달리 말하자면 업業의 본질이다. 명저 『나는 왜 이 일을 하는가』에서 사이먼 사이넥은 그가 제시한 골든 서클 golden circle에서 '왜 why'가 '무엇 what'과 '어떻게 how' 보다 반드시 우선되어야 한다고 강조한다. 따라서 리더는 '우리 기업만의 왜?'를 뚜렷하게 정의해야 한다. 그리고 모든 구성원이 이해하고, 공감하고, 지향할 수 있도록 그것을 명확히 제시해야 한다. '왜?'가 분명하면 어떤 상황에서든 올바른 근거를 가지고 선택할 수 있고, 그로 인해 열정이 넘치는 일을 할 수 있기 때문이다.

둘째로, 진정성 리더십 authenticity leadership이 중요하다. 진정성 리더는 목적에 관한 분명한 인식을 가지고 있다. 또한 확고한 가치관을 행동으로 실천한다. 그리고 조직구성원들과 마음으로 소통한다. 권위를 부여받은 리더가 아니라, 같이 일하는 사람들에게 진정眞情으로 영감을 불어 넣어주는 섬기는 리더 servant leader다. 이들은 다른 사람을 돌보고, 양육하고, 자신감을 형성하도록 돕고, 기술을 가르치며, 필요할 때는 훈육하여 자신보다 더 많은 것을 성취하도록 이끈다. '한국에서 가장 존경받는 기업'에 11회 연속 선정되었던 풀무원의 남승우 전 총괄사장은 CEO는 교사나 성직자처럼 솔선수범해야 한다고 주장하였다. 이처럼 진정성 리더는 사람을 끝까지 품는다. 그래서 직원들에게 안심과 신뢰와 행복감을 심어 주고 그들을 더 큰 리더로 키우게 된다. 그러므로 사람을 가장 귀하게 여기며, 일하기에 가장 좋은 회사를 만들려고 애쓰는 진정성 있는 CEO는 결코 실패하지 않는다.

끝으로, 리더는 자신의 역량을 끊임없이 키워나가야 한다. 선장에게는 전문적인 항해 지식이 요구되고, 오케스트라 지휘자는 훌륭한 연주를 위해 음악에 통달해야 한다. CEO도 직원들을 잘 가르치고, 변화무쌍한 기업환경 변화에 대처하여 기업을 올바른 방향으로 이끌려면 실력이 필수적이다. 1분도 허비하지 않고 열심히 연구해야 한다. 그래서 훌륭한 리더 leader들은 모두가 독서가 reader, 아니 책벌레 bookworm들이었다. '안코라 임파로 ancora imparo!' 나는 아직도 배우고 있다! 로마 시스티나 성당의 천장벽화를 완성한 미켈란젤로가 87세에 남긴 말이다. 책상머리에 붙여두고 있는 나의 좌우명이기도 하다. CEO에게도 죽을 때까지 배우고, 또 배울 수 있다는 겸손이 중요하지 않을까. 아니 이것은 모든 지도자에게 반드시 필요하다.

(2019.09.16.)

06

경영자의 품격

격동기 한국경제를 견인했던 재계의 큰 별 김우중 전 대우그룹 회장과 구자경 LG그룹 명예회장이 타계했다. 김 전 회장은 만 30세에 단돈 500만 원의 자본금과 5명의 직원으로 시작한 사업을 세계경영을 기치로 재계 2위까지 키워낸 신화적 경영인이다. 구 명예회장은 20대 중반에 초등학교 교사를 그만두고 부친이 경영하던 회사에 평사원으로 입사하여 45세에 럭키금성그룹의 회장으로 취임하여 70세까지 LG그룹을 성공적으로 이끈 탁월한 성품의 경영자이다. 두 분 모두 많은 사람에게 회자될 정도로 숱한 영웅적 일화와 성과를 남겼다.

"세계는 넓고 할 일은 많다."라는 명언을 저서로 남긴 김우중 회장은 그야말로 일 중독자였다. 사업 초기에 시간을 아끼기 위해 부인 정희자씨가 끓여준 갱죽을 늘 새벽 출근 차안에서 먹었다고 한다. 골프는 시간이 없어 치지 않았고, 고객과의 사업상 약속 때문에 하루 저녁에 무려 세 차례나 식사를 한 이야기도 꽤 유명하다. 그의 '세계경영'은 대우라는 브랜드를 세계무대로 가져가 전 세계인들에게 각인시켰다. 김 전 회장은 해외 체류기간이 1년에 280일을 넘길 정도로 해외 사업에 사활을 걸었고, 칭기스칸처럼 세계를 누빈 탓에 사람들은 그를 킴기스칸이라고 불렀다. 그와 대우를 기억하고 있는 나라들은 여전히 많다. 10여 년 전 필자가 우즈베키스탄을 방문하였을 때 우즈베키스탄 국가의 별칭이 '대우스탄'이라는 농담조의 이야기를 들었는데 그 말은 지금도 뇌리에 생생하게 남아있다. 대우의 경영 이념은 '도전, 창조, 그리고 희생'이라는 사훈에 녹아 있다. 그리고 김 전 회장의 삶은 개척자, 일 중독자, 승부사 등으로 자리매김 된다. 1997년 외환위기로 대우그룹은 해체되고 세계경영의 신화는 막을 내렸으나 그의 불굴의 도전정신은 지금까지도 경영인들에게 큰 교훈이 되고 있다.

초등학교에서 호랑이 선생님이라고 불리며 사회생활을 시작하였던 구자경 명예회장은 한마디로 '사람 중시'를 기업의 경영이념으로 삼고 인간존중경영의 모델을 만들었다. 기업은 사람이, 사람을 위해, 사람에 의해, 존재하는 경영실체임을 몸소 보여주었다.

LG의 경영이념인 '고객을 위한 가치창조'와 '인간존중경영'은 사람이 곧 사업의 목표이고 사업자체임을 표현한 것이다. 자율과 책임경영을 절대 원칙으로 내세웠다. 이것을 정도경영이라고도 하지만 기술입국을 꿈꾼 구 명예회장은 정도인생을 몸소 실천한 것이 아닐까 한다.

우리나라 해외 진출 1세대였던 그는 1982년 미국 앨라배마주 헌츠빌에 한국 기업 최초의 해외생산기지인 컬러TV 공장을 세웠다. 그때 미국에서는 우리나라 전자레인지나 셔츠 등이 겨우 세일 품목으로 팔리던 때였으니 미국 현지에 컬러TV 공장을 설립하는 일은 상상하기 어려운 일이었다. 앨라배마주의 미국인들은 한국이 어디에 있는 나라인지도 잘 모르는 사람들이 대다수였다. 마침 그곳에서 유학 시절을 보냈던 필자는 그때의 감격을 지금도 잊을 수 없다. 여러 교민과 유학생들에게 우리 경제의 도약과 번영에 대한 희망과 자긍심을 심어준 자랑스러운 쾌거였기 때문이다.

윤석철 교수는 그의 저서 『삶의 정도』에서 기업이 목적을 달성하기 위해 갖추어야 할 세 가지 필요조건을 제시하였다. 열정, 투자와 인내, 그리고 탐구적 노력이다. 먼저, 이성과 규범의 세계에서는 도저히 불가능하고 무모해 보일 수도 있는 도전이라 할지라도 일단 부딪쳐보겠다는 열정이 있어야 한다. 둘째, 투자하고 인내하며 기다리는 능력이 필요하다. 이는 단순히 시간이 흐르기만

기다리는 소극적 기다림이 아니라 적극적 기다림이다. 끝으로 상상력의 현실 적합성과 그 실현 가능성을 검증하기 위한 탐색과 노력이 필요하다.

1960년대 초 1인당 국민소득이 70달러도 되지 않았던 우리나라가 오늘날 3만 달러 수준의 경제발전을 이룬 것은 이러한 조건들을 충실히 수행한 두 분과 여러 경영자의 초인적 노력 덕분이라고 믿는다. 의미 있는 경영성과를 이룩한 경영자들은 부단한 자기 수양과 미래성찰을 통해 축적된 인품과 가치관을 우리에게 보여준다. 고귀한 품격으로 사람을 사랑하고 키우는 것이 경영자의 필수 덕목이라는 진리를 실천한 두 경영인에게 존경과 감사를 드리며 그 교훈을 우리도 행동으로 실천해야 하겠다. 그리하여 침체일로를 걷고 있는 우리 경제가 새해에는 새롭게 도약할 수 있기를 기대해본다.

또 한해가 지나간다. 12월은 사랑과 감사의 계절이다. 《12월은》에서 이해인 시인은 "12월은 우리 모두 사랑을 시작하는 계절입니다. … 세상 사람 누구에게나 벗으로 가족으로 다가가는 사랑의 계절입니다."라고 했다. 12월에 시작하는 사랑과 감사의 실천에서 새해의 새 의미를 찾을 일이다.

(2019.12.23.)

07

기업이 국가인가?

나라 안팎으로 대단히 어수선했던 기해년이 가고 경자년 새해를 맞았다. 한국국학진흥원은 올해의 사자성어를 본립도생本立道生으로 정하였다. 국가나 사회, 그리고 어떤 조직이든 근본이 바로 서지 않으면 원칙이 무너지고 질서를 유지할 수 없는 법이다. 그래서 기본을 바로 세우는 일이 가장 시급하다고 본 것이다. 새해를 맞이하여 여러 기관에서 시무식과 신년인사회가 열리고 새로운 다짐과 덕담들이 나왔다. 지난 3일 열린 '2020년 경제계 신년인사회'에서 대구상공회의소의 이재하 회장이 "기업이 국가다."라는 건배사를 제의하여 화제가 되고 있다. 이 회장은 "경제가 자유로워질 수 있도록 규제를 과감하게 개혁해주고, 기업인의 사기를 올려주어야 투자가 이뤄지고 경제가 살아나 나라가 산다."라고 말했다. 그 자리에 참석한 경제계 인사들도 한 목소리로 새해에는 정부와 국회가 기업 활동에 규제를 철폐하고 의욕을 북돋아 주기를 주문했다고 한다.

기업이 국가인가. 국가가 과연 기업을 위해 존재해야 하는가. 그리고 국가는 기업을 위해 무엇을 할 수 있으며 무엇을 해야 할까. '마케팅의 아버지'라 불리는 필립 코틀러 교수는 기업생존의 절대적 요소로 혁신과 마케팅을 들고 있다. 기업이 살아남기 위해서는 새로운 제품과 새로운 시장(수요)을 끊임없이 창출하고, 고객들이 진정으로 원하는 것을 제대로 제공해야 한다는 것이다. 이러한 능력이 바로 경쟁력의 원천이며 기업생존의 비결이라고 주장한다. 그렇다면 정부나 입법기관에서 기업을 위해 해야 하는 가장 중요한 일 또한 자명하다. 기업들이 창의와 혁신을 일으킬 수 있는 여건을 조성하고 제도적으로 적극 돕는 것이다. 그런데 국가의 정책은 이와는 다른 방향으로 가는 일이 자주 나타나고 있다. 최근 '타다'의 사례가 그 단적인 예이다.

국가가 재정이나 정책지원 등으로 성장 가능성이 높은 중소기업과 창업기업을 뒷받침하는 일도 필요하다. 그러나 원론적으로는 정부가 민간부문에 개입하는 것은 최소화되어야 한다. 정부의 역할은 시장의 기능이 자율적으로 작동되어 경쟁체제가 유지될 수 있도록 보완하는데 있다. 그리고 기업의 혁신과 마케팅 활동이 활발히 전개되도록 지원하는 것이 최우선이다. 수출 의존적인 우리 경제체제에서는 글로벌 시장에서 우리 기업들의 마케팅 활동을 적극적으로 지원해야 경쟁력이 살아나고 우리 경제의 미래가 있다. 전 세계는 여전히 치열한 경제 전쟁터이다. 그런데 우리 경제계는 신산업과 경제 활력 입법과제를 조속히 통과시켜달라고 호소하고 있다. 이러한 요구는 우리의 경제 상황이 매우 위중하고 심각함을 반증하고 있다.

'기업이 국가다.'라는 말은 기업이 국가경제의 원동력이며 가장 중요한 역할자라는 의미일 것이다. 이미 기원전에 플라톤은 『국가』에서 "이상국가에서 통치자는 무엇이 전 국민의 이익에 적합한가를 착오 없이 인식하고, 이것에 근거해 입법하고 또 그 법의 집행을 감시하여야한다."고 했다. 또 지배계급이 사리사욕에서 해방되어 공공정신에 의거해서 행동해야 정의의 원리에 기초한 이상국가가 건설된다고 역설했다. 나아가서 "통치자들이 참으로 충분히 철학하지 않는 한 불행은 그치지 않는다."라고 주장하였다. 작금의 모든 분야, 특히 국가 통치의 책임 있는 지도자들이 새겨들어야 할 말이다.

오래전 한 기업경영자에게서 들은 말이 생각난다. 경영자는 교도소 담장 위를 아슬아슬하게 걸어가고 있는 존재라는 것이다. 잠시라도 방심하여 그 많은 각종 규제를 하나라도 위반하면 교도소 담장 안쪽으로 떨어지게 될 수도 있다고 한다. 물론 경영자는 우리 사회의 지도자이고 그들의 역할과 행위는 많은 이들에게 큰 영향을 미친다. 그러나 불필요한 규제로 선의의 노력이 잘못되어 경영자 개인은 물론이고 경영하는 기업이 실패로 이어진다면 어느 누가 국가와 국민의 더 나은 삶을 위해 헌신하겠는가. 더구나 글로벌 시장에서 경쟁에 필요한 무장을 규제 때문에 제대로 갖추지 못한다면 어떻게 국가경쟁력을 기대할 수 있겠는가. 국가가 앞장서서 나라 경제를 이끌어 나갈 것이 아니라 기업이 주도할 수 있도록 정책당국이 도와주고 격려해줄 때 우리 경제에 미래가 있다.

새해에는 경영자를 잘 대접하는 문화와 여건이 마련되기를 기대한다. 그러면 그들이 국가경쟁력을 키워줄 것이다. 경영자가 역할을 제대로 하지 못하면 경제도 복지도 없다. 일자리를 만드는 것도 그들의 몫이고, 좋은 기술을 발휘할 기회도 그들이 만든다. 경영자는 물론이고 기업을 둘러싼 모든 이해관계자, 즉 고객, 직원, 주주 모두 다 사람이다. 그래서 사람을 사랑하는 경영자들이 많아야 한다. 국부國富란 훌륭한 경영자가 얼마나 있는가에 비례할 수도 있다. 부디 새해에는 경영자가 존중받는 나라가 되어서 경제는 물론 모든 분야에서 앞장서는 우리나라가 되기를 소원해 본다. (2020.01.06.)

경영의 창으로 본 세상

08

돈키호테와 기업가정신

17세기 초에 탄생한 돈키호테가 대한민국 정국에 소환되고 있다. 대통령 선거 출마를 선언한 후보들이 돈키호테식 부동산 공약을 남발하고 있다. 2022년 대선에 돈키호테가 출마했다는 말도 나온다. 또한 지난달 문재인 대통령이 출연한 '국민과의 대화' 방송에 대해 야당인 국민의힘은 "코로나19로 인해 극단적인 선택을 한 자영업자와 소상공인들이 쏟아졌음에도 이에 대한 언급조차 하지 않았다."고 비판하며 '돈키호테 대통령'이라고 혹평했다. 이에 대해 청와대는 "국가 원수인 대통령에게 심한 것 아닌가."라며 섭섭함을 드러냈다. 하지만 같은 날 청와대 의전비서관은 대통령은 '환상에 빠진 돈키호테'가 아니라 '꿈을 꾸며 미래를 향해 나아가는 돈키호테'라며 전혀 다른 해석을 내놓았다.

소설 돈키호테에는 "이룩할 수 없는 꿈을 꾸고, 이루어질 수 없는 사랑을 하고, 싸워 이길 수 없는 적과 싸움을 하고, 견딜 수 없는 고통을 견디며, 잡을 수 없는 저 하늘의 별을 잡자."며 꿈을 예찬하는 구절이 있다. 꿈은 세상을 상대로 맞서 싸울 힘을 준다. 그러나 코로나19로 지칠 대로 지친 자영업자와 소상공인들이 마냥 꿈만으로 세상을 이겨낸다는 것은 정말 꿈같은 소리로 들린다. 꿈이 꿈으로 사라지는 현실에서 국가의 지도자는 당연히 꿈을 실현할 뚜렷한 방도를 제시해야 한다.

2002년 노벨연구소는 400여 년 전에 나온 세르반테스의 소설 돈키호테를 역사상 최고의 문학작품으로 꼽았다. 그런 까닭에 사람을 평가할 때 돈키호테를 '읽은 이'와 '읽지 않은 이'로 구분하기도 한다. 이처럼 소설 돈키호테는 문학적 가치뿐만 아니라, 사람의 '살아 있음' 즉, 삶의 온전한 깊이와 차원을 이해하는데 매우 소중하고 유익한 작품으로 평가된다. 작가는 누구라도 결코 자신의 존재를 타인이 결정해주지는 않는다고 주장한다. 인간은 타고난 신분이 아니라 자신의 노력이 운명을 바꾼다는 것이다.

새로운 것을 꿈꾸며 어떤 모험도 불사하며 열정으로 도전하는 돈키호테의 정신세계는 기업가정신entrepreneurship과 매우 닮았다. 기업가entrepreneur는 '아이디어가 있으면 실행하라.'라는 의미의 프랑스어다. 그들은 돈키호테처럼 세상에 없던 뜻밖의 아이디어를 실현하기 위해서 실패나 역경을 두려워하지 않는 사람들이다. 기업가에게는 특유의 정신과 DNA가 있다. 그들에게는 변화를 수용하고, 성공에 확신을 가지고, 미지의 세계를 개척하려는 집요함과 열정이 있다.

마이크로소프트의 CEO를 지낸 스티브 발머Steve Ballmer는 기업가정신의 본질을 "다른 사람의 눈에는 보이지 않는 기회를 발견했다는 확신이 들 때, 자신의 에너지와 지적능력 그리고 다른 사람의 도움까지 동원해서 그 기회를 구체적으로 현실화하는 것"이라고 했다. 이는 시장의 틈새를 찾아내고 이를 비즈니스로 키워내는 능력이다. 이처럼 기업가정신은 비즈니스에 관한 것이지만 넓게 보면 세상에 긍정적인 영향을 미친다.

성공적인 기업가는 결과 자체보다 그 여정을 더 좋아한다. 그들은 실패나 역경에 익숙하며 오히려 실수에서 무언가를 배우려는 사람들이다. '인도의 빌 게이츠'로 불리는 나라야나 무르티Narayana Murthy는 실패할 용기와 더불어 긍정과 희망을 강조한다. 그는 "위대한 기업가란 불가능한 것을 꿈꾸고, 용기를 보여주며, 위험을 감수하고, 세계에 변화를 일으키는 능력을 발휘함으로써 많은 사람의 롤 모델이 되는 사람"이라고 했다.

안타깝게도 우리의 자영업자들과 소상공인들은 언제부터인가

꿈을 이야기하지 않는다. 하루하루가 힘들기 때문이다. 이들에게 내일의 장밋빛 희망은 이미 꿈으로 끝난 지 오랜듯하다. 지난 4년간 폐업을 원하는 자영업자가 무려 9배나 증가했다고 한다. 소상공인진흥공단에서 실시하는 '희망리턴패키지' 중 폐업지원을 받은 사례는 지난해 2만5천여 건으로, 2017년 2,900여 건의 8.7배 급증했다. 올해도 지원 건수가 11월 초에 이미 2만 건에 도달하여 전년도 수준에 이를 것으로 보고 있다. 이들이 꿈을 접은 것은 정부의 정책 실패가 코로나19와 맞물려 나타난 결과라고 전문가들은 지적한다.

오는 10일에는 『제8회 대구 · 경북 중소 · 벤처기업 대축전』이 열린다. 대구신문사가 우리 고장의 중소 · 벤처기업들에게 미래의 경영 방향과 변화의 대응 방안을 제시하고 그들을 격려하기 위해 마련했다. 참여기업들이 정보와 경험을 교류하고, 결속력을 강화하며, 연대감을 높여, 새롭게 용기를 다지려는 매우 값진 행사다. 참여한 모든 기업인이 기업가 정신으로 재무장하여 큰 꿈을 꿀 수 있는 자리가 되기를 기대한다. 천재 아인슈타인도 실력과 지식보다는 꿈과 상상력이 새로운 세상을 만든다고 하지 않았는가.

설사 하루하루가 힘들고 어렵더라도 그래도 꿈을 꾸며 버텨보자. 돈키호테처럼 황당한 꿈인들 어떠랴.

(2021.12.06.)

경영의 창으로 본 세상

09

기업 위기와 리더십

모든 생명체는 환경 의존적이다. 환경을 변화시키거나 훼손하면 당연히 환경으로부터 그 대가를 되돌려 받게 된다. 개발과 성장이라는 미명 아래 인류가 저질렀던 무분별한 환경 파괴는 미증유의 각종 재앙을 불러왔다. 재레드 다이아몬드는 『총, 균, 쇠』에서 "인구밀도가 높아지면서 대중성 전염병이 생기게 되고, 동물들을 가축화시키면서 세균이 사람들에게로 옮겨왔다."라고 하였다. 지금 우리에게 큰 고통을 주고 있는 코로나19 바이러스도 결코 우연이 아니다. 의학자들과 환경과학자들은 앞으로도 우리 인류가 신종 세균과 바이러스에 끊임없이 노출될 것이라고 한다. 자연과의 조화를 이루기 위한 인류의 회복 노력이 없거나 그 노력이 성공하지 못한다면 불행히도 지구상에 더 이상 안전지대는 없을 듯하다.

코로나19와 사투를 벌이고 있는 의료진과 정책 당국의 노력, 그리고 우리 국민들의 자발적 협조로 최근 확진자 수가 크게 줄고는 있으나 여전히 끝이 보이지 않아 안타깝다. 바이러스의 확산에 대처하는 정책 당국의 방침에 대해 논란이 지속되고, 정부의 여러 부서 간, 그리고 정치 집단 간 엇박자로 갈등이 이어져 국민들은 매우 불안하다. 감성이나 정파적 이해득실에 따른 대처는 오히려 위기를 악화시킬 수 있다. 바이러스 사태를 극복하는 가장 올바른 길은 역시 전문가 집단의 과학적이고도 이성적 판단에 컨트롤 타워를 맡기는 것이다.

사람뿐만 아니라 유기적 조직체인 기업도 위험에 노출되기는 매일반이다. 기업의 흥망성쇠는 바로 크고 작은 위기에 어떻게 대처하느냐에 따라 결정된다. 위기를 잘 대응하는 경우에만 기업의 생명이 보장된다. 역사상 가장 훌륭한 기업 위기의 극복사례로 꼽히는 것은 존슨앤드존슨사의 타이레놀 사건이다. 1982년 9월 누군가가 타이레놀 캡슐에 고의로 청산가리 성분을 집어넣었고, 이 약을 복용한 7명의 시카고 주민이 사망했다. 이후 250건 이상의 추가 사망 사례가 이 약 때문으로 의심받으며 순식간에 전 미국이 공포에 휩싸였다.

존슨앤드존슨은 즉각 회장을 포함한 위기관리위원회를 구성하고, 피해자 지원과 추가 인명피해 방지를 최우선 과제로 삼고 과감한 대응 조치를 실행했다. 사건의 해명이나 변명보다 진상이 다 드러나기도 전에 해당 사실을 알렸다. 전국에 풀려 있는 약 3,100만 정의 타이레놀 전량을 즉시 수거한다고 발표했고, 그 가치는 무려 1억 달러에 달했다. 피해자들에게 위로 편지를 보내고, 이미 소비자에게 판매된 타이레놀도 모두 환불해 주면서 수거하였다. 사태가 종료된 후 이 회사는 이물질 주입이 불가능한 새로운 포장재를 도입하였다. 0으로 떨어졌던 타이레놀 시장점유율은 서서히 올라 이전 수준을 회복했고, 그 후로도 상승세를 멈추지 않았다. 타이레놀 사태는 기업이 위기를 다스리는 절대표준으로 자리 잡았다.

선진기업들은 위기에 대처하기 위해 '조기경보시스템EWS; early warning system'을 갖추고, 전문지식을 지닌 '최고위기관리자CRO; chief risk officer'를 활용한다. 이로써 언제 닥칠지 모르는 위기를 늘 모니터링하고 정보의 분석과 판단을 한다. 위기는 소리소문 없이 다가온다는 점에서 위기의 접근과 실체를 조기에 정확히 파악하는 것은 매우 어렵다. 그러나 역사상 어떤 위기도 과거와 완전히 단절된 새로운 것은 없었다. 그래서 오랫동안 축적된 경험과 지식을 바탕으로 위기를 감지하고 대응하는 것이다.

기업이 위기에 직면하는 더 큰 이유는 최고경영자가 위험신호를 감지하고도 잘못된 결정을 내리는 데 있다. 따라서 미세한 경고신호를 제대로 알아차려 올바른 대책을 세우는 것이 가장 중요하다. 그래서 CRO 제도의 활용은 더욱 긴요하다. 기업경영에 중대한 영향을 미치는 내·외적 경영위험을 파악하고 대비책을 미리 세워 적극적이고도 체계적으로 관리하기 위함이다. 손자병법에서는 "적이 오지 않기를 기대하지 말고, 적이 언제 오더라도 내가 대비되어 있음을 믿어라."고 했다. 현대적 위기관리의 창시자인 이안 미트로프 교수가 강조하는 '위기리더십'도 이와 같은 개념이다.

찌르레기라는 새는 매와 같은 맹금류를 만날 때 수천 마리의 무리가 하나로 움직여서 위기에 대처한다고 한다. 대자연에서 감상할 수 있는 이 군무群舞는 가장 아름답고도 기이한 장면이다. 『최고의 팀은 무엇이 다른가』의 저자 대니얼 코일은 "2007년 로마대학교의 이론물리학자 팀이 찌르레기가 멋진 화합을 이루는 비밀을 풀었는데, 그 이유는 일련의 작은 신호들에 끊임없이 주의를 기울이기 때문"이라고 하였다. 이처럼 기업도 언제나 긴장의 끈을 놓치지 말아야 한다. 문제의 심각성은 조직의 리더가 위기의 정체가 무엇이며, 그것이 왜 위기인지를 모를 때 고조된다.

진정한 리더십은 위기에서 더욱 빛난다.

(2020.03.16.)

경영의 창으로 본 세상

10

리더십은 펠로우십이다

지난주 언론 보도량 1위는 30대 '보수 야당' 대표의 선출 소식이었다. '희망과 변화'를 주창하며 2008년 미국 최초 흑인 대통령으로 당선된 버락 오바마를 떠올릴 정도의 놀라운 사건이었다. 36세의 제1야당 대표는 당 대표 수락 연설에서 '공정 경쟁'을 보수의 핵심 가치라고 주장하며 능력주의를 선언했다. 젊은 개혁에 대한 국민들의 기대와 함께 제1야당의 지지율도 크게 상승했다. 하지만 관건은 국민들의 기대에 부응하는 방향으로 당을 혁신하고 정치개혁을 이루어, 궁극적으로는 대선에 승리하는 것이다. 그러한 목표를 달성하려면 고도의 리더십을 발휘하여 당을 안정시키고 당원들의 다양한 의견을 수렴해서 그들의 협력을 이끌어내야 한다.

정치계뿐만 아니라 경제, 사회, 문화 분야에서도 탁월한 리더를 찾는다. 리더가 뛰어나면 문제가 쉽게 풀리고, 목표가 달성될 것으로 생각하기 때문이다. 그래서 리더십에 대한 많은 이론이 쏟아져 나왔다. 감성리더십, 코칭리더십, 카리스마리더십, 수평적 리더십, 성찰적 리더십, 섬김 리더십을 비롯해 세종대왕리더십, 이순신리더십, 예수리더십 등 셀 수가 없을 정도다. 1980년대 변혁적 리더십 이론이 등장하기 전에는 리더의 통솔이나 지도행위가 불필요하다는 리더십 대체이론까지 등장했다.

리더는 조직의 목표와 방향을 정하고, 조직이 당면하는 문제의 핵심을 파악하여 해결에 앞장서는 사람이다. 대체로 지시가 아니라 지휘를 하는 리더를 훌륭한 리더로 여긴다. 그래서 리더는 가끔 오케스트라단의 지휘자에 비유된다. 유능한 지휘자는 다양한 연주자들이 하모니를 이루며 최선의 연주를 하도록 이끈다. 마찬가지로 훌륭한 리더는 구성원들이 자율적으로 지혜와 창의성을 발휘하여 조직 목적의 달성과 문제해결에 적극적으로 기여하도록 연출한다. 따라서 리더의 성공은 그를 따르는 팔로워follower들의 자세로 판가름 난다.

2000년대 초반, 당시 소규모 벤처기업이었던 구글은 압도적인 선두 주자인 오버추어를 제치고 가장 훌륭한 소프트웨어 엔진을 만들었다. 이 프로젝트와 관련이 없는 부서의 엔지니어가 자청해 며칠 밤을 새우며 혼자의 힘으로 구글의 '애드워즈 엔진'의 문제점들을 바로잡은 덕분이었다. 이듬해 구글의 순이익은 600만 달러에서 9,900만 달러로 급증했다. 그 배후에는 직원들에게 강력한 소속감과 유대감을 안겨준 창업자 래리 페이지가 있었다. 이렇듯 훌륭한 리더는 팔로워십followership이 제대로 발휘되게 한다. 그 전제는 조직이 추구하는 목표와 문제를 공유하고, 확실한 의사소통과 피드백, 그리고 강한 신뢰성을 갖추는 것이다.

조직성공에 리더가 기여하는 부분은 고작 20% 정도이고, 나머지 80%는 팔로워들의 몫이라고 한다. 당연히 최상의 팔로워가 필수적이다. 리더를 맹목적으로 따르는 자는 좋은 팔로워가 아니다. 리더십 연구의 선구자 워런 베니스가 말한 대로 리더십은 팔로워를 통해 비전을 현실로 이루는 능력이다. 훌륭한 리더와 모범적인 팔로워가 실과 바늘의 관계처럼 유기적으로 움직일 때 비로소 진정한 동료fellow가 된다. 조직은 이러한 펠로우십fellowship이 작동할 때 급변하는 환경에 대응하여 더 큰 성과를 이루게 된다.

모두가 리더이면서 동시에 팔로워가 되는 펠로우 집단이 있다. 4만 km 이상 비행하는 기러기들이다. 이들은 무리를 지어 V자형으로 편대를 이루어 비행한다. 공기저항을 줄여서 한 마리가 비행할 때보다 70% 이상 더 먼 거리를 비행할 수 있다. 선두에 선 기러기가 편대를 이끌다가 지치면 힘을 아껴둔 후미의 기러기가 교대해가며 편대를 이끈다. 이처럼 리더가 고정되어 있지 않다. 또한 기러기 떼는 선두 비행 기러기를 응원하기 위해 끊임없이 소리를 내고, 간혹 지치거나 다친 기러기가 발생하면 동료 기러기 두 마리가 함께 이탈해 동료를 끝까지 돌보다 죽음을 지키거나 회복해 함께 무리로 합류한다고 한다. 동지애의 모본이다.

모든 리더는 애당초 팔로워였고 또 다른 리더의 팔로워가 되기도 한다. 따라서 리더는 '따르는 법'을 먼저 배워야 '이끄는 법'을 배우게 된다. 모든 팔로워에게는 동료들과 협력하는 자세가 요구된다. 그래서 조직의 구성원들은 모두가 동일한 목표를 달성하기 위해 나아가는 펠로우가 되어야 한다. 여기에는 파트너십과 동지애가 필수적이다. 매우 어려운 일을 훌륭하게 성취했을 때, 사람들이 애정을 가지고 기억하는 것은 일 자체가 아니라 동지애다. 그리고 그 일을 위해 어떻게 힘을 합쳤는가를 떠올리며 자랑스러워한다.

『손자병법』에 '상하동욕자승上下同欲者勝'이라는 말이 있다. '위아래 사람이 원하는 바가 같으면 이긴다.'는 뜻이다. 훌륭한 리더십이란 모든 구성원이 같은 목표와 같은 비전을 품고 동지애로 혼연일체가 되도록 강력한 펠로우십을 이루는 것이다.

(2021.06.21.)

경영의 창으로 본 세상

11

섬김의 리더십

'바른 말, 고운 말, 존댓말을 써라.' 어린 시절부터 부모님과 선생님에게서 매양 듣던 말이다. 그런데 요즈음 사람들의 말씨가 매우 사납고 부박하다. 초·중학생들이 친구들과 거침없이 욕설을 하는 장면을 자주 본다. 어른들은 상대방은 아랑곳없이 자기주장만 한다. 국가의 지도자들도 예외가 아니다. 일부 국회의원들과 정부의 고위급 인사들이 대화하는 내용을 듣노라면 과연 초등교육이나 제대로 받았는지 의심스럽다. 상대방을 인격적으로 폄하하거나 예사로 거짓말을 하면서도 정작 본인은 품격이 높다고 강변한다. 국민들은 이처럼 지도자다운 모습을 보여주지 못하는 이들에게 실망을 넘어 좌절하고 있다.

선진국 미국에서도 예외는 아닌 듯하다. 트럼프 대통령은 막말의 표본이다. 천박하고, 비이성적이며, 위험한 지도자로 치부된다. 세계적 경제학자 제프리 삭스는 트럼프 대통령을 미국뿐 아니라 국제적으로 끊임없이 증오와 분열을 조장한 인물이라고 평가 절하했다. 반면, 조 바이든 대통령 당선자는 진지하고, 노련하고, 냉철한 신사라고 호평했다. 그래서 향후 미국이 지금보다 훨씬 더 안정적이고 책임감 있게 행동하리라고 전망했다. 이렇듯 한 나라의 최고 리더십은 그 국가의 평판과 미래의 명운을 결정짓는다.

국가뿐만 아니라 기업을 비롯한 어떤 조직에서나 리더 leader의 역할은 매우 중요하다. 단연코 기업의 가치와 성공은 최고경영자 CEO의 리더십으로 가늠해 볼 수 있다. 기업의 성과는 기업 구성원들을 어떻게 리드 lead하는가에 달려있다. 리드란 다른 사람에게 영향력을 발휘하는 기술이다. 영향력은 권력이 아니라 권위에서 나온다. 따라서 리더는 권력이 아니라 권위로 리드해야 한다. 마하트마 간디, 마틴 루터 킹, 마더 테레사, 나라를 구하려고 의병을 일으켰던 조선의 선비들이 다 이런 인물들이다. 이들은 권력이 없었으나 권위로 큰일을 해냈다.

제임스 헌터는 명저 『서번트 리더십』에서 리더는 올바른 성품을 갖춰야 한다고 주장한다. 정직, 바람직한 역할, 경청하는 자세,

상대방을 후원하는 자세, 상대방을 존중하는 자세, 상대방을 격려하는 자세, 긍정적·열정적 자세, 인정 등을 제안하였다. 여기서 영향력과 권위가 나온다. 무엇보다 존중과 배려를 바탕으로 상대방을 리드해야 하는데, 그러려면 경청이 최우선이다. 이목구비耳目口鼻란 귀, 눈, 입, 코를 중심으로 본 얼굴의 생김새를 뜻한다. 아마도 잘 듣는 귀가 가장 중요하기 때문에 첫 번째로 나오는 것이 아닐까? 경청하면 사람의 마음을 얻게 된다는 이청득심以聽得心의 지혜가 필수적이다.

탁월한 조직은 리더의 가치관으로 구별된다. 인도네시아의 KMK글로벌스포츠그룹 송창근 회장은 특별한 가치관을 지닌 리더다. 30년 전 맨손으로 신발제조업에 뛰어들어 현지 내수 1위 기업을 일구었다. 마음을 어루만지는 '기브 앤 기브give and give 경영'이 빛을 발했다. 이 회사는 직원들을 위해 이발소와 미용실을 만들고 직원전용 병원을 운영하면서 종업원들의 건강을 돌본다. 회장은 수시로 공장을 돌며 직원들과 인사하고 격주로 직원들 집을 찾아가 주거상황을 점검하여 개선해준다고 한다. 그래서 인도네시아에서 가장 일하고 싶은 회사로 손꼽힌다. 진정으로 직원들을 섬기는 리더십이 성공의 원동력이 된 것이다.

'섬긴다'는 말은 잘 모시고 받든다는 뜻이다. 국민의 공복公僕이라는 공무원들은 국가와 사회의 심부름꾼이고 종이다. 당연히 국민 위에 군림해서는 안 된다. 대통령부터 모든 공직자가 주인인 국민의 뜻에 따라 맡겨진 책무를 성실히 수행해야 하는 까닭이다. 기업의 CEO도 직원, 고객, 주주를 포함한 모든 이해관계자를 존중하고 배려하는 자세로 그들을 성공으로 이끌 때 진정한 리더로 인정받는다. 이런 기업에서는 직원들도 스스로에 대한 확신과 자신감을 느끼는 리더로 변모하게 되고 그 결과 좋은 기업이 된다.

위대한 리더들은 희생과 봉사, 그리고 사랑을 실천한다. 미 해병대에서는 으레 졸병이 가장 먼저 식사하고 최고위 장교가 제일 나중에 먹는 것으로 되어 있다고 한다. 사이먼 사이넥은 『리더는 마지막에 먹는다』에서 "훌륭한 리더란 자신이 이끄는 사람들을 진심으로 존중하며, 동지애를 갖추고, 자신을 희생하는 사람"이라고 했다. 1세기 전 애기애타愛己愛他라는 유묵을 남긴 도산 안창호 선생은 봉사와 사랑으로 몸소 섬김을 실천했다. 인류 역사상 가장 위대한 리더인 예수 그리스도가 보여준 겸손, 희생적 섬김, 이타심, 무조건적인 사랑은 '섬기는 리더십'의 전형이다.

미국 제6대 대통령 존 퀸시 애덤스는 "당신의 행동이 타인들로 하여금 더 많이 꿈꾸고, 더 많이 배우고, 더 많이 일하고, 더 나은 사람이 되게끔 영감을 불어 넣는다면 당신은 분명 리더"라고 했다.

지금 우리 사회의 지도자들은 과연 어떤 리더인가.

(2020.11.23.)

경영의 창으로 본 세상

12

'이건희 미술관'과 예술적 경영

지자체들의 '이건희 미술관' 유치 경쟁이 치열하다. 고 이건희 삼성전자 회장의 유족이 국가에 기증한 2만3천여 점의 '이건희 컬렉션'을 두고, 대통령이 별도의 전시 공간을 설치하는 방안을 검토하도록 지시했기 때문이다. 이미 10곳 이상의 지자체들이 앞 다투어 미술관 유치 계획을 발표했다. 대구시가 일찌감치 유치를 선언하였고, 최근 경주시도 뒤늦게 유치전에 뛰어들었다.

주관 부처인 문화체육관광부가 공모 절차나 가이드라인과 같은 중요한 결정을 내리지 못하는 가운데 유치를 선언한 지자체들은 아전인수 격으로 유치 정당성을 주장하고 있다. 고인과의 지연, 학연, 혈연은 물론이고, 문화 분권이나 문화 민주주의, 심지어 고인이 지역의 자연경관을 좋아했다는 희한한 근거도 내세운다. 이처럼 미술관 유치경쟁이 과열되고 있는 이유는 미술관 유치가 지역경제에 도움이 된다는 경제논리 때문이다. 미술관 유치로 관광객이 몰려오면 지역경제가 부흥할 것이라고 예상한다. 그러나 미술계에서는 '이건희 미술관' 유치 경쟁이 관광산업에 초점이 맞추어져 변질되는 상황을 크게 우려하고 있다.

'세기의 기증'으로 불릴 만큼 방대한 양의 '이건희 컬렉션'에 대해 미술 전문가들은 값을 매길 수 없을 정도라며 그 가치를 매우 높게 평가하고 있다. 전문가 못지않은 안목과 열정으로 미술품을 수집한 이건희 회장의 깊은 식견에도 감탄을 금치 못하고 있다. 이처럼 경영자가 미술 작품을 수집하고 애호하는 것은 흔히 작품이 가지는 재산으로써의 가치에 주목한 것으로 이해되기도 한다. 그러나 예술에 대한 애정이 결국 사회 환원으로 이어지게 되었다는 점에서 이 컬렉션은 특별한 의미가 있다.

생전의 이 회장은 "마누라와 자식 빼고는 모두 바꾸라."는 유명한 일화를 남겼다. 기업이 생존하려면 혁신적인 발상과 전략으로 끊임없이 차별적 고객가치를 창조해야 한다는 것을 강조한 말이다. 위대한 예술가와 탁월한 경영자의 공통점 중 하나는 이처럼 혁신을 중시하는 것이다. 기업경영은 미술 창작과 근본 원리가 동일하다. 생존과 성장을 위해서는 예술가든 경영자든 항상 '왜?'라는 질문을 던지며, 파괴하고, 다시 창조해야 한다. 그들은 고통을 자처하며 혁신하는 파괴적 창조자들이다.

경영자에게는 사람과 사물에 대한 이해가 필수적이다. 이러한 능력을 키우려면 예술가처럼 대상을 열심히 관찰해야 한다. 적극적 관찰에서 대상의 본질을 보게 된다. 이해력과 창조성도 이에서 나온다. 『언락』의 저자 조 볼러는 수학 문제를 숫자로만 접근하지 않고, 시각화하는 방식으로 풀어볼 것을 권장한다. 숫자를 그림으로 인식하면 문제를 더 깊이 이해할 수 있다는 것이다. 시각적 표현이 다양한 사고를 자극하기 때문이다. 관찰 능력은 경영자의 생각과 통찰력에도 날개를 달아준다. 경영자가 예술을 통해 경제를 볼 수 있다면, 다양한 딜레마와 복잡성을 잘 이해하고 극복할 수 있다.

스탠 데이비스와 데이비드 매킨토시는 『예술가처럼 일하라』에서 "예술과 비즈니스, 아름다움과 이익은 결코 상반된 가치가 아니며 서로 보완하며 함께 가는 것"이라고 했다. "경영자의 두 눈은 각각 예술적 시각과 경제적 시각을 대표하며, 어느 한쪽 눈만으로도 보는 데는 지장이 없지만, 보다 깊이 있게 보기 위해서는 양쪽 눈이 다 필요하다."고 주장한다. 이처럼 예술의 미학적이고 정서적인 풍요와 비즈니스의 전략적이고 실용적인 통찰력을 조화시켜 경쟁우위와 기업성과를 달성하려는 것이 '예술적 경영'이다.

마케팅에서도 예술은 매우 중요하다. 마케팅이 예술을 만나 '아트 마케팅'을 주류로 만들었다. 또 비슷한 제품과 서비스에 둘러싸여 있는 범용화 시대에 차별화 수단으로 '미학'에 관심이 집중되면서 '미학적 마케팅'이 등장했다. 이것은 예술을 활용하여 경제적 성과와 함께 예술적 욕구를 충족시키려는 것이다. 고객들은 더 낫고, 빠르고, 저렴하며, 안전한 것을 선택한다. 하지만 이러한 경제적 요인이 전부는 아니다. 아름다움, 흥분, 즐거움, 의미 등과 같은 정서적이고 미학적인 면을 중시한다. 결국 이러한 예술적 자원을 잘 활용해야 마케팅 목표를 보다 유효하게 달성할 수 있다.

'이건희 미술관'이 어디에 어떤 모습으로 등장하게 될지 아직은 알 수 없다. 다만 기증 작품이 가장 잘 관리되고 널리 관람될 수 있어야 한다는 기준이 최우선시되어야 할 것이다. 기증 자산의 최대 활용도 중요한 기준이다. 그것은 유치 희망 지역의 문화예술에 대한 이해도와 문화적 저력에 따라 좌우될 것이다.

많은 사람이 '예술이 밥 먹여주나?'라고 묻는다. 요즘엔 예술이 밥을 먹여 준다. 예술은 소비적이지만 않고 생산적이어서, 밥뿐만 아니라 마음의 밥, 영혼의 양식까지도 제공하여 우리 삶을 더욱 아름답고 풍요롭게 만든다. 훌륭한 미술관이 가까이 있어야 하는 이유다.

(2021.05.24.)

3부

유통의 실상과 소비자 변화

이익에 집중하게 되면 상품을 간과하게 된다.

정말 좋은 상품을 만드는데 집중하면 이익은 자연스럽게 따라온다.

— 스티브 잡스 Steve Jobs

누군가에게 보고, 듣고, 놀고, 수동적으로

소비하라고 요청하는 대신, 현재는

그들로 하여금 창조하고, 생산하고,

참여하게 하는 쪽으로 바뀌고 있다.

— 트렌드워칭 닷컴 Trendwatching.com

경영의 창으로 본 세상

01

지금, 왜 상도(商道)인가

일찍이 160년대 무적의 로마군단은 '안토니누스' 역병에 무너졌다. 21세기 미국의 세계 최강 무적함대도 코로나19 바이러스 앞에서는 힘을 쓰지 못하고 있다. 괌에 정박 중인 미 핵 추진 항공모함 루즈벨트호에서 승조원 200여 명이 코로나19에 감염되었다. 항공모함 레이건호와 또 다른 두 척의 니미츠급 핵 추진 항모에서도 감염자가 나와 작전에 큰 차질을 빚고 있다고 한다. 코로나19의 전 지구적 확산으로, 땅의 봉쇄에 이어 하늘길은 벌써 막혔고, 이제는 바다까지도 보이지 않는 작은 바이러스에 오염되어서 더 이상 안전지대는 없는 듯하다.

이미 40년 전 코로나19를 예견한 것처럼 보이는 딘 쿤츠의 소설 『어둠의 눈Eyes of Darkness』이 최근에 큰 화제가 되고 있다. 1981년 미국에서 출간된 이 소설에서는 2020년에 중국 후베이성 우한에서 만들어진 '우한-400'이란 바이러스가 퍼질 것이며 백신은 없다고 설정했다. 소설 속 전염병의 주요 증상까지 코로나19의 주요 증상과도 너무나 닮았다. 작가의 상상의 산물이 너무나도 정확히 미래를 예견해 많은 이들이 놀라고 있다.

이처럼 미스터리하게 전 세계인에게 갑자기 닥친 이 역병은 우리 인간이란 존재가 얼마나 미약한지를 여실히 보여주고 있다. 그나마 우리나라는 혼신의 힘을 다해 바이러스와 사투를 벌여온 의료진과 방역당국의 헌신적 노력 덕분에 감염자 수가 줄고 있어 다행이다. 그러나 또 다른 큰 걱정은 나라경제가 위기에 처하게 된 것이다. 대기업은 말할 것도 없고 풀뿌리 경제의 주체인 중소 영세상공인들의 사업기반이 무너져서 재기가 거의 어려운 지경이다.

전문가들은 코로나19의 충격으로 경기 침체가 장기간 이어질 것으로 전망한다. 무엇보다도 근로자와 기업을 보호하는 정책이 최우선이다. 속출하는 실업과 휴폐업을 막기 위한 임금 보전과 운영자금의 공급이 시급하다. 그러나 핵심은 경제 문제의 근본 원인을 정확히 파악하여 올바른 대책을 마련하는 일이다. 코로나19가 심각한 경제 곤란의 주범일 수도 있다. 질병을 치료할 때

기저질환의 유무가 중요한 것처럼, 우리경제의 문제를 진단하는 일에서도 코로나19 외의 원인을 결코 간과해서는 안 될 일이다.

경제위기의 극복에는 정부의 노력 못지않게 모든 경제주체의 자발적, 협력적 노력이 필수적이다. 총체적 대응만이 살길이다. 바이러스를 이기기 위해서는 방역의 기본에 충실해야 한다. 경제 난국의 해결에도 역시 경제주체들의 '기본으로 돌아가는 자세'가 최우선이다. 생산경제의 현장인 장사에도 지켜야 할 기본과 원칙이 있다. 절대로 포기할 수 없고 포기해서는 안 되는 것이 장사의 기본, 곧 상도商道다. 우리 기업들의 상도는 무엇이며, 과연 상도가 제대로 지켜져 왔는지를 되짚어 보아야 할 시점이다. 상도란 '왜 장사를 하는가?'에 대한 답변이다. 또 무엇이 왜 소중하고, 아름다우며, 보람 있는가 등 가치관에 대한 설명이기도 하다. 나아가 고객들과 함께 사회적 가치를 실현하겠다는 다짐일 수도 있다.

미국의 석탄 광부들은 지하 탄광에 들어갈 때 카나리아를 데리고 들어갔다고 한다. 그 이유는 이 작은 새가 예민한 호흡기 체계를 갖고 있어서 유독한 환경을 광부들보다 쉽게 그리고 더 빨리 알아차릴 수 있기 때문이다. 카나리아가 기침하고 숨 막혀 하기 시작하는 것은 곧 위험에 빠지기 전에 광부들이 재빨리 그 탄광을 빠져나와야 한다는 분명한 신호라는 것이다. 짐 월리스는 『가치란 무엇인가』에서 카나리아를 우리 사회의 가난하고 약한 사람들로 상징하고 있다. 따라서 소비경제의 주체인 소비자들도 이 작은 자들의 행복이야말로 사회의 행복을 가늠하는 척도가 된다는 것을 명심해야 한다. 대공황을 우려할 만큼 심각한 작금의 경제위기에 대한 경고 신호는 가난하고 소외된 이들의 고통이다. 그러므로 이들과 함께 공동선共同善을 이루는 것이 우리 모두에게 최선이다.

사랑, 진실, 정직, 동정, 헌신, 희생, 사명감 등은 인간의 가치를 판단하는 시금석이다. 모성애는 여인의 아름다움보다 귀하고, 작은 기부자가 큰 부자보다 존경받는다. 어거스트 투랙은 『수도원에 간 CEO』에서 "진정한 성공은 대개 자기 자신보다 더 원대한 사명에 몸 바친 것의 부산물"이라고 하였다. 상도를 실천하는 훌륭한 상인은 겉으로 드러나는 장사의 기술이 아니라 그들의 사명감과 헌신으로 남들과 구별된다. 이들과 함께 급한 어려움에 처한 작은 자들에게 좋은 이웃이 된 선한 사마리아인 같은 소비자들이 바로 나라경제를 살리는 사람들이다.

공동선의 추구와 상도의 실천은 경제위기의 백신이자 치료 약이며, 위기가 크고 심각할수록 그 가치는 더욱더 빛난다.

(2020.04.13.)

경영의 창으로 본 세상

02

장사의 비결, '사딸라'가 답일까

'사딸라'. 버거킹이 제공하는 4,900원 약 4달러짜리 '올데이킹' 메뉴가 출시 9개월 만에 누적 판매량 1천만 개를 돌파하며 크게 성공하였다. 최근 불경기를 반영한 저가정책과 '복고'와 '언어유희'를 복합하여 만든 유머 콘텐츠를 광고한 결과로 보고 있다. 저가정책은 불경기 시대에 특효약처럼 등장한다. '사딸라'의 성공은 우리경제 사정이 매우 어렵다는 것을 방증하고 있다. 올해 4분기에도 우리경제는 개선을 기대하기 어렵다는 전망이 지배적이다. 이달 소비자심리지수는 2017년 1월 이후 가장 낮은 수준인 92.5를 나타내었다. 최근 기획재정부도 4월부터 6개월 연속 우리경제의 실물지표가 부진한 흐름을 이어가고 있다고 실토하였다. 이처럼 심각한 경기 부진 속에서 상인들은 20년 전 IMF금융위기 때보다 장사가 더 어렵다고 말한다. 장사가 안 되니 영세자영업자들인 670만여 소상공인들의 삶은 매우 고단하다.

이러한 형편에 정부의 정책지원이나 경기회복만을 기다리며 손 놓고 있을 수는 없고, 어떻게든 당면한 위기를 상인들 스스로 헤쳐 나갈 묘안을 찾아내어야 한다. 위기란 '위협과 기회'를 합성한 단어라든가, '위대한 기회'를 줄인 것이라는 자위의 말이 떠오른다. 어떻게 현재의 위기를 오히려 기회로 바꿀 수가 있을까. 또 그 기회를 성공으로 이끌 수 있는 방도는 없을까. 상인들이 스스로 돌파구를 마련해서 위기를 극복하는 것은 매우 어렵겠지만, 그래도 세 가지 기본적인 일들을 생각해 볼 수가 있다. 이것은 장사의 기본으로 돌아가는 일이다. 먼저 장사라는 업業에 대한 올바른 마음가짐과 자세를 갖추는 일이 가장 중요하다. 그리고 기본에 충실한 사업역량을 키우는 것이다. 끝으로 성공한 상인들의 지혜를 배워서 자존감을 높이고 자신만의 장사비법을 찾아내야 한다.

최선의 해결책은 무엇보다도 장사에 대한 올바른 자세와 태도를 갖추는 일이다. 국어사전에는 '장사란 이익을 얻으려고 물건을 사서 파는 일'이라고 그 뜻을 풀이하고 있다. 틀린 말은 아니지만, 장사는 '이문을 얻는 것' 이상의 의미를 지닌다. 훌륭한 상인들은 단순히 물건을 사고, 팔아 이익을 챙기는 일에만 몰두하지 않는다.

우리나라의 대표 상인 격인 개성상인 송상松商들은 장사에 임할 때마다 삼도훈三道訓의 세 가지 덕목을 새겼다. 동업자와의 의리 및 협력(義), 대고객신뢰(信), 근검절약(實)이 그것이다. 이문을 챙겨야 한다는 말은 어디에도 없다. 그들은 고객과의 신뢰를 가장 중요하게 여겼다. 고객과의 약속 준수와 정직한 거래는 신뢰의 밑바탕이기 때문이다. 이로써 가족과 같은 관계가 형성되어 오랜 기간 단골이 된다. 일본의 전통시장 소상인들은 대부분 단골고객 중심이어서 점포의 위치 따위는 그리 중요하지 않다고 말한다. 그러므로 고객을 배려하는 자세가 최우선이다. 고객의 행복이 장사의 궁극적 목적이 되어야 한다.

둘째, 기본에 충실한 장사가 중요하다. 앞서가는 상인들은 끊임없이 새롭고 풍부한 지식을 갖추어 나간다. 장사는 기술도 필요하지만 사람에 대한 애정과 이해가 무엇보다 중요하다. 이것이 장사의 기본이다. 그런데 고객은 꾸준히 새로운 것을 요구하고 또 매우 다양한 방법으로 소비욕구를 충족한다. 그러므로 고객들이 진정으로 원하는 것을 늘 채워주는 것이 중요하다. 고객이 만족하여야 거래를 지속하여 단골이 되고, 충성고객으로 이어져서, 다른 이들에게도 추천하게 된다. 그러려면 상인은 새로운 무엇을 배우겠다는 일념으로 지속적으로 학습해야 한다. 최소한 고객관리, 재고관리, 인력관리 등에 관한 새로운 지식은 늘 배워야 한다. 나아가

경제, 기술, 환경의 변화 트렌드와 그것들의 영향을 세밀하게 관찰하고 영업에 적용해 나가야 한다. 경쟁이 치열한 오늘날 잠시라도 방심하면 고객들은 다른 곳으로 떠나간다.

끝으로, 상도商道를 실천하여 상인으로서의 자부심을 지니고 자신만의 독특한 장사비법을 찾아내야 한다. 진짜 적은 늘 내 안에 있는 법이다. 낮은 자존감과 잘못된 직업의식은 장사에 치명적이다. 또한 나만의 차별화된 장사 비법을 원한다면 실패와 성공 사례들을 열심히 공부해야 한다. 동서고금에 걸쳐 상도를 실천한 훌륭한 상인들로부터도 배워야 한다. 그들 중에는 상신商神으로까지 존경받는 분들도 있다. 임상옥, 이병철, 정주영, 중국의 도주공陶朱公, 홍콩의 이가성李嘉誠, 일본의 이나모리 가즈오稻盛和夫 등의 상인정신은 매우 감동적이고 교훈적이다. 이들은 '고객이 웃어야 상인도 웃을 수 있다'는 확고한 신념을 실천한 사람들이다. 중국 상술의 신神 도주공의 12가지 규범 가운데 무려 절반이 사람에 관한 것이다. 결국 장사는 '이문을 남기는 것'이 아니라 '사람을 남기는 것'이다. "행복과 마찬가지로 역설적이게도 장사는 이문을 좇지 않음으로써 이문이 얻어진다." 미국에서 16년 연속 〈포춘〉이 선정한 '일하기 좋은 100대 기업'에 꼽힌 유기농 자연식품 판매점 홀푸드마켓의 공동설립자 존 매키의 말이다.

(2019.09.30.)

경영의 창으로 본 세상

03

유통업계의 위기 극복

가뜩이나 어려운 우리경제가 코로나19의 장기화로 심각한 위기에 놓였다. 수출은 물론이고 내수도 크게 위축되면서 올해 2%의 경제성장도 기대하기 어려울 것이라는 전망이다. 확진자가 크게 늘어나면서 풀뿌리 서민경제의 핵심인 중소 유통업을 비롯한 자영업은 가히 폭탄을 맞은 상황이다. 지난달 대통령이 전통시장 반찬가게를 찾아 경기를 묻자 한 상인이 "거지 같아요. 장사가 너무 안 돼요."라고 말한 사건이 현실경제의 상황을 잘 말해준다.

자영업자와 소상공인들을 지원하기 위한 정부 차원의 특단의 대책이 시급하다. 그러나 실물경제의 주체인 소상공인들의 자생적인 노력과 국민들의 협조도 중요하다. 기업은 보다 창의적이고도 효율적으로 움직여야 하고, 소비자들은 지나친 소비위축 심리에서 하루속히 탈피해야 한다. 영세 유통업뿐만 아니라 유통업계 전반의 내수경기가 최악의 수준이다. 특히 백화점과 대형마트 같은 오프라인 매장들은 지난해 예상을 뛰어넘는 실적 부진을 경험하였다. 그래서 대형 유통업체들이 위기극복을 위한 처방 마련에 크게 고심하고 있다.

지난달 중순 롯데쇼핑은 향후 5년간 전체매장의 약 30%에 해당하는 200여 개의 오프라인 점포를 줄이는 대규모 구조조정 계획을 발표했다. 동시에 '유통회사'를 탈피하여 라이프스타일을 제안하는 '서비스회사'로 거듭날 것을 천명했다. 핵심은 오프라인 매장을 다른 차원으로 변신하고, 온라인시장을 보다 적극적으로 공략하는 것이다. 사상 첫 적자를 낸 이마트도 경영진을 교체하고, 수익성 있는 사업구조, 고객에 대한 집중, 그리고 미래성장을 위한 신규 사업 발굴에 역량을 집결하기로 했다.

롯데쇼핑의 라이프스타일 매장으로의 변신은 눈여겨 볼만하다. '라이프스타일 제안'의 선구는 아마도 일본의 츠타야 서점蔦屋書店일 것이다. 라이프스타일 큐레이션을 내세우며 을지로에 문을 연 '아크앤북ARC·N Book'도 비슷한 사례다. 츠타야의 가장 큰 장점은 라이프스타일을 '제안'하는 데 있다. 책을 카테고리에 따라 진열하는 대신 라이프스타일을 기준으로 코너를 마련하여 진열한다. 예컨대, 요리 코너에는 요리와 관련된 소설, 실용서적, 에세이, 시집 등이 한데 모여 있다. 여기에다 요리에 필요한 그릇, 도구, 그리고 식자재까지 함께 판매한다. 이것은 진열방식의 단순한 변화가 아닌 소비자들에게 중요한 의미를 주는 차별화다. 소비자들에게 서비스를 '제안'하는 '서비스회사'로 변신한 것이다. 향후 롯데쇼핑이 구현할 라이프스타일 매장은 어떤 형태가 될지 궁금하다.

오프라인 유통업체가 온라인시장을 공략하려는 전략도 불가피하다. 쇼핑의 중심축이 온라인으로 옮겨지고 무인점포가 보편화하는 등 소비습관과 유통방식이 비대면 중심으로 급격히 이동했기 때문이다. 통계청에 따르면 온라인 쇼핑거래액은 매년 급증하여 2017년 94조 1,877억 원에서 지난해 134조 5,830억 원으로 크게 늘었다. 롯데쇼핑은 이러한 추세에 발맞추어 고객데이터를 활용해 고객 맞춤형 서비스를 제공할 것이라고 한다. 이달 론칭하는 그룹 통합 온라인 쇼핑몰 '롯데 온ON'을 통해서다. 신세계그룹의 온라인몰 '쓱닷컴SSG.COM'은 2020년 6월 간편결제 서비스 'SS페이'를 통합할 예정이다. 이로써 개인 맞춤형 마케팅을 펼쳐 고객 중심 서비스를 강화하고 온라인시장에서의 경쟁력을 높일 계획이다.

그동안 대형오프라인 유통업계는 가혹할 정도의 정부 규제 때문에 경쟁력이 약해진 측면이 있다. 그러나 유통업계가 자생적,

창의적 노력을 얼마나 기울였는지는 의문이다. 위기 돌파를 위해서는 무엇보다 최악의 상황을 포함한 다양한 여건에 대비하는 시나리오를 마련해야 한다. 선진기업들은 위기를 관리하기 위해 '부정적 상상의 기술'을 사용한다고 한다. 최선을 다하되 최악의 상황을 염두에 두고 이에 대한 대비를 철저히 하는 것이다. 더랩에이치 THE LAB h의 김호 대표는 "위기 사건을 예방하거나 해결하는 데 있어 긍정적 사고는 독약이라며, '괜찮겠지', '설마'라는 생각은 금물"이라고 했다. 유통업계가 위기를 극복하기 위해 새겨들을 만한 지적이다. 요즈음 코로나19에 대응하는 정부 당국에게도 이 말은 시금석이 될듯하다.

독일의 사회학자 울리히 벡이 통찰한 대로 우리는 『위험사회』에 살고 있다. 전염병을 비롯한 여러 위험이 국가나 지역의 경계를 무력화시키고 있다. 코로나19 사태에서 보듯이 폐렴 바이러스는 삽시간에 전 지구적으로 확산되었다. 철학자 김용규는 그의 저서 『신』에서 이를 '글로벌 위험사회'라고 규정하였다. 유통업의 글로벌화는 범위와 속도에서 어떤 업종보다 앞선다. 따라서 내수시장에서의 경쟁력만으로 유통업의 위기 해결을 온전히 기대하기는 어렵다. 글로벌 관점에서 선제적으로 대응하는 자세가 중요하다.

유통업계의 재도약을 응원하고 기대한다.

(2020.03.02.)

경영의 창으로 본 세상

04

전통시장 길을 잃다

민족의 대명절 추석이 다가오고 있다. 그러나 코로나19의 재확산으로 비대면 생활이 일상화되면서 올해 추석은 가족과의 상봉이 어려워 보인다. 대신 영상통화로 부모와 자녀들이 명절 인사를 나누는 모습이 새로운 풍속도로 자리 잡게 될 전망이다. 소위 뉴노멀new normal이 고유 명절의 모습마저 변화시키는 것이 우려되는 까닭은, 코로나19로 큰 피해를 입었던 전통시장의 상인들이 이번 추석에도 고통을 겪을 것으로 예상되기 때문이다. 명절선물과 제수용품 구입이 백화점, 온라인쇼핑몰, 대형쇼핑몰 등으로 몰리면서 전통시장을 찾는 사람은 드물다고 한다.

올해 초부터 전통시장의 경기는 그야말로 악화 일로를 달렸다. 매출이 지난 5월 반짝 개선된 이후 3개월 연속 추락했고, 당분간

회복이 쉽지 않을 전망이다. '시장에 사람 구경하기가 어렵고, 장사가 안돼도 너무 안된다.'는 상인들의 탄식은 이제 그리 낯설지 않다. 상인들은 어려움을 극복할 방도를 찾지 못하고, 정책당국도 마땅한 해결책을 제시하지 못하고 있다. 그야말로 전통시장이 길을 잃고 표류하고 있다.

국회 산업통상자원위원회는 지난주 '전통상업보존구역 지정제도 일몰 기한 연장'을 골자로 하는 '유통산업발전법 개정안'을 처리했다. 이는 전통시장 1km 이내 대형마트 개설을 규제하는 제도다. 최근에는 20km로 확대하자는 개정안도 발의되었다. 대구에서는 유명 대중음악인들과 함께 '시장가요'를 만들어 전통시장의 장점을 알려서 시장 이용을 활성화하겠다는 아이디어가 나왔다. 정부는 소상공인 디지털전환 지원 방안으로 대구의 두 전통시장을 스마트 시범상가로 선정했다. 서문야시장에 스마트오더시스템을 구축하고, 와룡시장에는 스마트미러, 서빙로봇 등을 구축할 예정이다.

이 같은 입법부와 행정부의 지원책, 그리고 전통시장의 자구노력들은 전통시장을 살리기 위한 발상으로 나름 활성화에 도움이 될 수 있다. 그러나 이러한 노력이 과연 상인이나 소비자에게 근본적인 실익을 가져오는지는 의문이다. 전통시장이 당면한 위기의 근본 원인을 정확히 보지 못한 까닭이다. 미국의 소설가 마크 트웨인은 "우리가 무엇을 어떻게 바라보는지가 우리의 운명에까지 영향을 미칠 수 있다."고 했다. 이처럼 전통시장의 문제도 핵심을 바로 보아야 해결 방법이 있다.

전통시장에는 복잡한 문제들이 뒤엉켜 있다. 그러나 아리스토텔레스의 말처럼, 현상은 복잡하지만 본질은 단순하다. 전통시장의 본질적 문제는 '다름'과 '관계'에서 찾을 수 있다. 먼저 '다름'의 문제다. 전통시장은 시설도 낡고, 상인들은 고령화되고, 상품의 구색이 부족하고, 유행에도 덜 민감하며, 유통기술의 도입과 활용도도 낮다. 이러한 부분에서 다른 유통업태를 앞서기는 거의 불가능하다. 어설프게 다른 유통업태의 장사방식을 모방하려는 것도 생존과 번영의 길이 아니다. 따라서 전통시장은 반드시 '다름'의 장사방식을 만들어내야 한다. 이 '다름'을 소비자들에게 인식시키고 공감하게 하는 것이 생존의 관건이다. 하버드 대학의 문영미 교수가 지적한 대로 '다름'은 외형적 차이가 아니라, 고객과 함께 호흡하는 '인간적 숨결'을 형성해 나갈 때 비로소 실현된다.

다음은 '관계'다. 디지털기술기반의 온라인시스템은 고객들과 활발하게 소통하여 거래로 연결하는 훌륭한 도구다. 그러나 발상을 바꾸어 보면, 온라인시스템이 고객과의 소통과 거래에 유일한 최선의 방법이 아닐 수도 있다. 첨단기술이 무조건 좋은 것은 아니다. 첨단기술기반의 거래는 상품을 사고파는 것이 전부다. 그러나 전통시장은 본래 단순한 상품의 거래를 넘어 삶의 이야기들과 정情을 공유했던 인간적 '관계'의 장소였다. 고객으로 하여금 특별한 사람으로 느끼도록 해주는 공간이다.

수년째 서문시장의 옷감가게 단골인 한 지인은 가게 주인과 가족처럼 지낸다. 이들은 단지 옷감을 사고파는 것에 그치지 않고, 서로가 자녀의 진로와 인생 상담까지도 하는 사이다. 감히 대형유통업체에서는 상상조차 못할 고객관계다. 우리의 전통시장격인 일본의 상점가商店街에서는 가게의 위치가 전혀 중요하지 않다고 한다. 고객의 대부분이 2~3대에 걸친 단골들이기 때문이다. 이처럼 겉으로는 볼 수 없는 고객과의 '관계' 가치가 바로 전통시장의 최첨단 경쟁 도구다.

노스웨스턴대학의 필립 코틀러 교수는 뉴노멀 시대에서 '사람을 위한 기술technology for humanity'이 중요하다고 강조한다. 인본주의가 마케팅의 핵심이라는 주장이다. 전통시장이 잃어버린 길을 되찾기 위해 가장 필요로 하는 덕목도 '인간다움'이다. 상인들이 '인간 친화적' 가치를 실천할 때 전통시장의 밝은 미래가 있다. 오늘도 전통시장 상인들은 고객을 맞이하기 위해 새벽부터 밤늦게까지 고군분투하고 있다. 하루속히 이들의 얼굴에서 한가위 보름달처럼 환한 미소를 보고 싶다.

(2020.09.28.)

경영의 창으로 본 세상

05

상생(相生), 함께 사는 길

꽃은 여러 송이이면서도 한 송이
한 송이이면서도 여러 송이
나무도 여러 그루이면서도 한 그루
한 그루이면서도 여러 그루
내가 너에게 다가가는 모습
한결같이
네가 나에게 다가오는 모습

김명수 시인의 《그렇게》란 시의 일부다.

소설 『삼총사』의 구호인 '하나를 위한 모두, 모두를 위한 하나'를 연상케 하는 이 시에 안도현 시인은 이렇게 해설을 붙였다. "개인과 집단, 혹은 나와 너의 관계는 이렇듯 떨어져 있으면서도 붙어 있고, 붙어 있으면서도 떨어져 결국은 하나의 공동체를 형성한다." 이렇듯 이 세상에서 너와 나는 필연적 상생相生 관계에 있다. 사실 인류의 번영은 상호이익을 얻기 위한 협력에 기인하였다. 그래서 상생 협력은 인류가 모든 생활영역에서 조화롭게 생존하고 성장하는 열쇠다.

1996년 하버드대학의 애덤 브랜든버거 교수와 예일대학의 배리 내일버프 교수는 협경協競, co-opetition이라는 새로운 경쟁전략 개념을 제안했다. 진정한 승리를 위해서는 경쟁과 협력을 종합적으로 사고해야 한다는 것이다. 경쟁의 궁극적 목적은 경쟁자를 제압하거나 파괴하는 것이 아니라 오히려 상대와 win-win 하는 것이라며, 정해진 파이 pie를 두고 다투기보다 협력하여 더 큰 파이를 만들어야 한다는 것이다. 하버드대학의 수리생물학 교수인 마틴 노왁도 "광범위한 생물학적 양상을 분석한 결과, 멀리 내다보면 협력이 무자비한 경쟁을 누르고 결국 승리한다."라고 했다.

요즘 기업들은 생존을 위해 상생이 필요하다는 것을 스스로 깨닫고 사회공헌활동을 위시한 다양한 상생활동을 전개하고 있다. 유통업계에서도 한편으로는 경쟁을, 다른 한편으로는 협력을 이루는 상생의 사례가 등장하였다. 수년 전부터 전통시장의 최대 경쟁자인 이마트가 전통시장 내에 '노브랜드 상생스토어'를 운영하며 전통시장과 협업하고 있다. 2016년 충남 당진어시장을 시작으로 현재 전국 15개 전통시장에서 시행 중인데, '노브랜드가 시장을 살린다.'

는 소문이 퍼지면서 여러 전통시장들이 큰 관심을 보이고 있다.

상생스토어는 전통시장의 해묵은 골치거리였던 공실 문제를 해소하는 데 크게 기여했다. 나아가 대형마트와 온라인 몰의 주 고객인 30~40대 '엄마고객'을 전통시장으로 유치하는 것에도 어느 정도 성공하고 있다. 상생스토어에서는 상인들의 요구를 최대한 수용하여 시장 내에서 판매되는 상품과 겹치는 제품이나 시장의 주력상품은 당연히 팔지 않는다. 또 시장에 어린이 도서관이나 고객쉼터, 어린이 놀이터 등 편의 공간도 마련했다. 이러한 노력으로 방문객과 매출이 늘어나면서 전통시장이 활력을 되찾고 있다. 이마트가 아니었다면 시장은 벌써 문을 닫았을 것이라고 말할 정도로 시장 상인들은 매우 긍정적으로 평가하고 있다.

우리 지역에서도 구미 선산시장, 안동 구시장과 대구 월배시장에서 상생스토어가 성업 중이다. 구미에서는 시장 내 청년몰과 연계하여 시너지 효과를 내면서 시장이 크게 활성화되고 있다. 최근에는 또 다른 형태의 상생 협력 사례가 등장했다. 대형마트가 전통시장 상인들을 자신들의 매장으로 초청한 것이다. 대구지역 홈플러스가 이달 중순 나흘 동안 성서점 4개 매장과 칠곡점 3개 매장을 서문시장 야시장 청년 상인에게 내주며 이색 먹거리를 판매하는 '몰빵데이' 행사를 열었다. 코로나19로 어려움을 겪고 있는 청년 상인들과 손잡고 오프라인 유통을 살리려는 상생행사였다.

이처럼 상생 협력이란 모두가 함께 사는 좋은 일이다. 그런데 상생 협력이 효과를 거두기 위해서는 당사자 모두에게 이익이 되는 최적의 합의점을 찾아내야 한다. 진정성과 공감을 바탕으로 한 상호이해와 긴밀한 의사소통이 필수적이다. 서로서로 믿고 양보하고 타협하는 자세도 중요하다. 하지만 상생 협력을 '강자인 대기업이 베푸는 일종의 호혜'로 여기는 잘못된 인식은 불식되어야 한다. 이것은 대기업과 중소기업 모두에게 좋지 않은 생각이다. 경쟁력이 함께 높아지는 동반성장이 진정한 상생 협력이다.

지역 유통업이 위기다. 전통시장의 불경기는 더 이상 입에 올리기도 민망하다. 대형마트들도 예외가 아니다. 홈플러스 대구점의 매각이 결정되었고, 롯데마트 칠성점은 폐점이 확정되었다. 각종 규제와 코로나19의 여파로 온라인 유통이 일상화되면서 대형마트들이 경쟁력을 잃고 막대한 영업 손실을 감당하지 못한 결과다. 그야말로 지역유통업계가 풍전등화의 처지다. 이전과 다름없는 장사방식은 더 이상 작동하기 어렵다. 그래서 상생 협력의 철학과 전략이 더욱 절실히 요구된다.

"평온한 과거 신조信條들은 현재 폭풍우를 헤쳐나가기에 부적절하다. 새로운 상황을 맞이한 지금, 우리는 새롭게 생각하고 새롭게 행동해야한다." 오래전 에이브러햄 링컨이 준 이 교훈은 모든 분야에서 여전히 유효하다. (2020.10.26.)

경영의 창으로 본 세상

06

전통시장에 왜 가요

전통시장에 관한 한 신문 기사에 달린 댓글 가운데 몇 가지이다.

땅콩 사러 갔더니 물건은 보이지도 않고, 물으니 안에서 가져 나오고, 생산지가 어딘가 해서 살펴보니 그냥 가시란다. 산지 속여 먹으려고 작정하고 장사하더군.

말이 전통시장이지 가격 메리트도 크지 않고, 상품의 질, 상품 속이기. 특히 위의 몇 개는 좋은 것, 아래에는 하품으로 속이기. 역시 신뢰 부실이다. 거기에 불친절, 시장 전체의 어수선함. 젊은 층들이 이용하기엔 너무 엉망이다. 어차피 도태될 게 뻔하다.

편안한 마트는 강제로 문을 닫게 하고 지저분하고 더러우며 화장실과 주차장도 제대로 갖춰지지 않은 재래시장을 이용하라고 국민들 등을 떠미는 이상한 나라.

일부이기는 하겠지만 전통시장에 대한 소비자의 평가가 이토록 부정적이라는 사실이 매우 놀랍다. 어쩌다 전통시장의 위상이 이토록 추락했나. 전통시장은 우리 경제에 폐만 끼치는 무익한 존재인가. 소비자들의 혹독한 비판은 물론 상인들의 잘못에 기인한다. 하지만 서민경제의 기반인 전통시장을 제대로 지원하지 못한 정부나 지자체에는 책임이 전혀 없을까.

최근에는 오프라인 소매업의 몰락을 뜻하는 '리테일 아포칼립스'라는 말까지 나왔다. 미국에서 2017년부터 대형유통업체의 잇따른 파산보호 신청이 발생하자 일부 미국 언론에서 이런 말을 쓰기 시작했다. 국내에서도 온라인 소비 확산에 따른 오프라인 유통업체의 침체와 파산이 심각하다. 먹거리와 공산품을 온라인에서 구매하는 비중이 급속히 늘고 있어, 오프라인 소매 매장의 쇠퇴는 불가피하다는 주장도 있다. 그나마 오프라인 쇼핑도 대형마트, 백화점, 대형슈퍼마켓 위주로 이루어져 전통시장은 고사 직전이다.

전통시장의 매출 부진과 사양화는 비단 어제오늘의 일이 아니다. '5인 이상 집합금지'로 그나마 찾아오던 고객들의 발길도 끊겼다. 더 이상 장사하기가 어렵다는 상인들이 부지기수다. 하지만 모든 전통시장들이 다 똑같이 어려운 것은 아니다. 전통시장별 편차가 크다. 이름 난 맛집이 있거나 '네이버 동네시장 장보기'나 '놀러와요 시장' 등 온라인 장보기 서비스를 하거나 배달앱과 협업하여 배달서비스를 하는 전통시장에는 고객이 몰리고 매출도 유지되고 있다. 시장 상인들의 자구적 회생 노력과 함께 정부의 디지털화 지원과 플랫폼 기업의 협력을 이끌어낸 결과다. 생존을 위한 방정식을 나름대로 풀어낸 것이다.

기업의 '생존부등식'은 한양대 윤석철 석좌교수의 명저 『프린시피아 매네지멘타(1991)』에서 처음으로 소개되었다. '상품의 가치 > 상품의 가격 > 상품의 원가'라는 공식이다. 기업은 상품의 가치를 높여야 생존할 수 있고, 이것은 두 가지 부등식에 의해 결정된다는 것이다. 좌측 부등호는 소비자가 추구하는 가치를 창조하여 제공하는 능력을 말한다. 한편, 우변의 부등호는 기업의 원가 절감 노력인 생산성이다. 기업이 생존하려면 좌단의 가치를 높이고, 우단의 원가를 낮추어야 한다.

전통시장도 당연히 상품의 원가를 낮추고 가치를 높여야 살아남는다. 좋은 상품을 값싸게 파는 것은 기본이다. 동시에 고객이 요구하는 다양한 서비스도 제공해야 한다. 고객들은 쇼핑의 쾌적성과 안전성, 거래의 신속성과 편의성, 접근 용이성, 응대의 친절성과 개별화된 서비스까지 원한다. 또한 쇼핑은 단순히 상품을 구매하는 것 이상의 의미를 지닌다. 삶의 여정이며 사회적 교류 활동이다. 따라서 쇼핑에서 고객들이 기분 전환과 삶의 보람을 느끼는 것도 중요하다. 이처럼 유통업에서는 심리적, 정신적, 사회적 만족도와 같은 무형적 가치까지도 고려해야 한다.

그러나 무엇보다도 전통시장의 최고의 가치는 상인들의 사고와 태도에서 비롯된다. 상인정신의 필수 덕목인 '성실'과 '정직'을 갖추는 것이 최우선이다. 또 고객중심의 사고가 핵심이다. 소비자가 '왜' 전통시장을 찾는가를 철저히 따져서, 그들의 요구를 사업 가치로 전환하는 혁신적 노력이 필요하다. 당장은 청결과 위생 그리고 신뢰를 회복하는 일이 급선무다. 그리고 모방하기 어려운 특유의 상품을 개발하고, 고객맞춤형 거래방식도 갖춰야 한다. 또 매력적인 소비자 경험과 차별화된 시장 환경을 제공하는 것이 긴요하다.

디지털화가 빨라지는 세상에서도 사람들 사이의 관계에 대한 관심이 증가하고 있다. '인간 중심'이 강조되고 있는 것이다. 『아날로그의 반격』에서 데이비드 색스는 새로운 얼굴을 한 아날로그가 여러 영역에서 급부상하여 유행하기 시작했다고 주장한다. 아날로그 소매업의 대표 격인 전통시장은 온라인에서는 결코 경험하기 어려운 훈훈한 정을 나눌 수 있는 사회적 상호작용 공간이다. 상인들이 고객 사랑의 진정성을 보인다면 전통시장은 반드시 부활할 것이다. 새해부터는 걸어서 가까운 전통시장에 장보러 가자. 건강에도 도움이 되고 우리의 이웃인 상인들을 돕는 좋은 일이다. (2021.02.15.)

07

'위드(with) 코로나'와 자영업자의 생존

소상공인들과 자영업자들의 인내가 드디어 한계에 달했다. 더 이상 영업을 계속할 수 없다며 분노를 폭발했다. 최근 코로나19의 재확산으로 두 달 이상 시행한 고강도 집합금지와 영업제한 조치 때문이다. 그래서 추석 명절을 앞두고 '위드 코로나'로 가야한다는 주장이 자영업자들은 물론이고 정치권과 국민들 사이에서도 봇물 터지듯 이어지고 있다. 코로나19의 완전 종식이 거의 불가능한 여건에서는 한시 바삐 방역과 일상을 조화시킬 수 있는 새로운 방역체계로 바꾸어야 한다는 것이다.

코로나19의 최대 피해자인 자영업자들이 집합 금지 조처와 영업시간 제한의 철폐를 요구하며 지난주 서울을 비롯한 전국 9개 지역에서 동시다발로 심야 차량 시위를 벌였다. '위드 코로나'로 방역체계를 전환해야만 자영업의 생존권이 보장된다고 강조했다. 대선주자들을 비롯한 정치권에서는 이미 '위드 코로나'가 대세다. 대통령도 점진적인 방역정책으로의 전환이 필요하다고 공언했다. 정은경 질병관리청장은 지난 주 국회에서 "백신접종이 계획대로 진행된다면 10월 말부터는 '위드 코로나'를 적용해볼 수 있을 것"이라고 답변했다.

하지만 방역당국은 낮은 백신접종률로 필요한 수준의 면역에 도달하지 못해 방역전략의 전환은 시기상조라고 보고 있다. 특히 '위드 코로나'로 국민들에게 방역 긴장감을 낮출 경우 최근 급속히 확산하는 감염자를 줄일 수 없다고 판단한다. 따라서 '위드 코로나'보다는 '단계적 일상회복방안'을 고려할 수 있다고 한다. 어찌 되든지 방역체계의 전환은 전적으로 방역전문가들의 판단에 맡겨져야 할 것이다.

문제는 방역체계가 바뀐다고 해서 556만 명이 넘는 자영업자들의 회생이 가능한가다. 방역체계와는 무관하게 자영업이 안고 있는 문제가 매우 심각하기 때문이다. 더미래연구소는 『2020 대한민국 자영업 보고서』에서 우리나라 자영업이 이미 구조적 몰락기에 놓여있다고 진단했다. 그것은 IMF 외환위기 이후 자영업의 과잉 공급, 우리 경제수준에 비해 자영업 비율이 너무 높은 점, 그리고 총인구의 감소와 2030세대가 차지하는 비중이 감소하는 경향 때문이다. 여기에다 가구 구조의 변화, 온라인 시장의 확대, 소비방식의 변화라는 상호 영향을 주는 여러 요인들도 자영업자의 미래에 부정적 요소로 작용한다.

우리나라 자영업자의 비중은 주요 선진국인 G7과 비교하면 최고 수준이다. OECD 38개 회원국 중 한국은 2019년 기준 6번째로 높았다. 통계청이 지난 8월 발표한 「경제활동인구조사」에 따르면 지난 달 우리나라 비임금근로자(자영업자 + 무급가족종사자) 수의 비중은 무려 24%로 전체 취업자 네 명 가운데 한 명꼴이다. 소위 선진국 대열에 진입했다는 대한민국에서 자영업이 포화상태로 경쟁력에 한계를 드러내고 있다. 결국 코로나19가 아니더라도 자영업자의 어려움은 지속될 것이 분명하다.

코로나19 사태로 가장 큰 타격을 입은 것은 자영업자들이다. 따라서 정부는 방역대책의 전환과는 별도로 자영업자들이 입은 영업 손실과 금융비용 등을 해결할 다양한 방안을 조속히 시행해야 한다. 영세 자영업자를 살려내기 위한 올바른 대책을 신중하게 마련해야 하고 또 시행에 있어서는 과감한 결단이 요구된다. 한계상황에 처해 있는 자영업자들을 임금노동시장으로 흡수하는 일도 중요하다. 그들이 미래 성장 잠재력과 소비수요가 있는 분야에 종사할 수 있도록 특화된 교육프로그램을 조속히 실시해야 희망을 줄 수 있다.

자영업을 살리기 위한 정부의 역할도 중요하지만, 자영업자가 살아나려면 먼저 자영업자들부터 변해야 한다. 오카무라 요시아키는 『장사의 기본』에서 "누구나 할 수 있는 일을 누구도 할 수 없을 만큼 해내는 진심이 중요하다."라고 강조한다. 이것은 곧 상도商道의 실천이며, 장사의 기초를 다지는 일이다. 성실, 정직, 절실함은 시대와 장소를 초월한 사업의 기본 덕목이다. 동시에 고객과의 신용을 철저하게 지킨다면 분명 어떤 상황에서도 고객의 지지를 잃지 않을 것이다.

"제발 살려 달라."는 자영업자들의 한밤중 호소에 가슴이 먹먹하다. 정부는 당연히 이들의 절규에 신속히 응답해야 한다. 그러나 자영업자들도 스스로 힘든 상황의 근본 원인을 반드시 확인하고 점검해야 한다. 새뮤얼 스마일즈의 『자조론』은 "하늘은 스스로 돕는 자를 돕는다."라는 유명한 문장으로 시작한다. "남의 도움은 사람을 나약하게 만들지만, 스스로를 돕는 것은 언제나 강력한 힘이 된다."는 스마일즈의 명언은 고난을 벗어나기 위한 최상의 해답이 될 것이다.

코로나19 위기에서 고통 받는 자영업자를 구원할 주역은 바로 자영업자 자신이다. 자영업자들이 활기차게 제대로 장사할 여건이 하루속히 마련되기를 간절히 염원한다.

(2021.09.13.)

경영의 창으로 본 세상

08

자영업자가 소생(蘇生)하려면

며칠 전 황당한 모바일 메시지를 받았다. 「경영안정지원금 · 이차보전금지원」 신청대상이니 마감일 이전에 신청하라는 안내문이었다. 내용인 즉, 정부의 지원에서 제외된 사각지대에 있는 사회취약계층, 소상공인의 경영과 안정을 위해 융자금의 이자를 지원한다는 것이었다. 분명 잘못 전달된 메시지겠지만, 과연 정부가 판단하는 취약계층의 기준이 무엇일까 하는 의문이 들었다.

벼랑 끝에 몰린 자영업자들의 신음이 끊이지 않는다. 생계를 위해 대리운전과 같은 부업전선에 뛰어든 이들도 많다. 단계적 일상회복(위드 코로나)으로 경기가 다소 풀리고는 있다지만 현장 분위기는 여전히 썰렁하다. 정부의 손실보상이 기대에 미치지 못한 데다가, 지난주 중반부터 방역상황도 급속히 나빠졌다. 연일 3,000

명대의 확진자가 발생하고 위중증 환자도 급증했다. 많은 이들이 위드 코로나 이전 상태로 되돌아가지는 않을까 걱정하고 있다.

정부의 방역조치로 위기에 내몰린 자영업자들을 소생시킬 방도를 시급히 마련해야 한다. 자영업자 수가 무려 550만 명이 넘을 정도로 그 규모가 거대하여 그리 쉽지가 않다. 최근 대선후보들은 '음식점 총량제'나 '50조 원 손실보상' 등을 해법으로 제시하지만 오히려 자영업자의 생태계를 무너뜨릴 수 있다는 지적이 강하다. 더구나 지금까지 정부의 자영업자 정책은 부정적 평가가 지배적이다. 자영업자의 문제를 '자율과 자립'이 아닌 '보호와 지원'이 중심이 되는 정책으로 해결하려고 해서 근본적인 문제가 해소되지 않았기 때문이다.

자영업자는 지역경제의 뿌리다. 이 뿌리가 튼튼해야 나라경제가 견실하게 성장할 수 있다. 그런데 정부가 지나치게 관대한 지원정책으로 오히려 이들의 체질을 더욱 허약하게 만들었다는 주장도 제기된다. 전문가들은 '자율과 경쟁' 여건을 강화하는 것이 정책적 우선이 되어야 한다고 강조한다. 그러려면 현장의 수요자 중심의 정책이 절실하다. 자영업자의 입장에서 문제를 보아야만 정책의 실효성이 나타난다. 나아가 정책집행기관들은 자영업자들과 '함께' 애로요인을 찾아내어 선제적으로 해결해주는 서비스 정신을 발휘해야 한다.

자영업자들에게도 새로운 경영지식이 필요하다. 따라서 이들의 경영능력을 강화하기 위한 교육 인프라의 구축이 긴요하다. 제도화된 교육시스템을 하루속히 마련해야 한다. 프랜차이즈의 경우에는 본부의 체계화된 교육제도를 통해 가맹 자영업자들에게 경영지식을 교육할 수 있다. 하지만 독립 자영업자들에게 맞춤형 교육서비스를 제대로 제공하는 곳은 없다. 지자체가 이들의 교육 수요를 충실히 감당해야 한다. 그럴 때 자영업자들은 창의적 비즈니스를 펼치고 자유롭게 주도적인 경영을 할 수 있다.

모든 비즈니스는 고객이해, 영업전략, 자금능력을 갖추어야 한다. 관련 법규의 이해도 긴요하다. 하지만 고객과의 신뢰구축과 사업자의 정신과 생각이 무엇보다 중요하다. 경영자의 사명과 임무가 비즈니스의 성패를 결정짓기 때문이다. 자영업자들은 그들의 경영이념을 자신의 생각과 노력으로 실현해야 한다. 타인이나 정부의 지원에 의존하게 되면 그 성과는 결국 무위로 돌아가기가 십상이기 때문이다. 독립성과 자발성이야말로 모든 개인과 조직의 성공 관건이다.

자영업자들은 시장정보, 자금력, 영업기법 등 모든 면에서 대기업과의 경쟁에서 불리하다. 그러나 이들에게도 장점은 있다. 시장환경의 변화에 민감하고, 재빨리, 탄력적으로 대응할 수 있다. 미래환경에 발맞추어 사업의 변신을 손쉽게 할 수 있다. 단골고객들과의 긴밀하고 수평적인 인간적 교류도 가능하다. 이로써 고객의 마음을 읽고 진정 원하는 것을 제공해서 고객의 신뢰를 얻게 된다.

자영업자들은 지역사회에 가장 도움이 되는 비즈니스를 지역주민이라는 고객들과 '함께' 해나가는 것이 무엇보다 중요하다. 요컨대 지역밀착, 고객밀착이 최선의 전략이다. 지역주민이라는 '사람'의 가치를 깊이 고민하여 그들과 우정을 다지고 꿈을 '함께' 이루어 나가야 한다. 판매 전략이나 전술이 장사의 성패를 결정하는 것은 아니다. 고객이라는 '사람'의 가치를 비즈니스에 어떻게 설정하느냐가 중요하다. 아무리 좋은 상품을 싼 가격에 판매할 수 있다고 하더라도 거기에 고객에 대한 애정이나 관심이 담겨있지 않으면 성공하기 어렵다.

바람 앞의 등불 같은 우리나라의 자영업을 소생시킬 묘책은 뭘까. 아인슈타인은 말했다. "나에게 세상을 구할 수 있는 단 한 시간이 주어진다면, 55분은 문제를 정의하는 것에 사용하고, 나머지 5분은 그 문제를 푸는 데 쓸 것이다." 쉽게 찾은 해답은 오답이 될 가능성이 높기 때문이다. 정책당국은 자영업자와 '함께' 자영업의 근본 문제를 제대로 정의하여, 자영업자들이 소생할 수 있는 바른 정책을 하루속히 구현해야 한다.

이로써 'K팝'처럼 세계가 부러워할 한국형 자영업의 모델, 소위 'K자영업'의 출현도 기대할 수 있다. (2021.11.22.)

경영의 창으로 본 세상

09

초연결시대의 소비: 공유경제와 구독경제

'서울에서 김 서방을 찾는다.'라는 말이 있다. 서양에는 비슷한 의미로 '건초더미에서 바늘 찾기'라는 말이 있다. 성사되기가 매우 어려운 일을 뜻한다. 그런데 '서울에서 김 서방 찾기'는 정말 어려울까?

세상은 정말 넓지만, 또한 매우 좁은 곳이기도 하다. 1967년 미국 하버드대학 스탠리 밀그램 교수가 '좁은 세상 실험 small world experiment'에서 이것을 증명하였다. 그는 무작위로 네브라스카주의 오마하에 살고 있는 160명에게 편지형식의 소포를 보냈다. 이들에게 자신과 가장 가까운 사람들을 통해 무려 2,300km나 떨어진

보스턴의 한 증권 중개인에게 그 소포를 전달하도록 부탁하였다. 마침내 그 중개인에게 도착한 절반 정도의 소포는 단지 여섯 단계만을 거친 것으로 나타났다. 이것이 그 유명한 '여섯 단계의 분리 법칙'이다. 이 개념은 영화배우 케빈 베이컨 때문에 유명해져서 '케빈 베이컨의 6단계 법칙'이라고도 불린다. 여섯 명만 거치면 전 세계인이 내 친구(?)가 된다는 것이다.

이제 서울 김 서방 찾는 일은 별것이 아니다. IT혁명 덕분에 '초연결 super-connection 시대'가 된 까닭이다. 사회발전은 '연결성'의 역사이며, 연결을 통한 소통의 결과이기도 하다. 20세기가 개인과 조직의 연결 시대였다면 21세기는 개인과 개인이 연결되는 시대이다. 이처럼 사회 전체의 연결성이 커지면서 수백 년 동안 유지되던 소비의 개념도 근본적으로 바뀌고 있다. 제러미 리프킨은 『소유의 종말』에서 '내가 갖고 싶은 것이 무엇인가'에서 '내가 체험하고 싶은 것이 무엇인가'로 소비체계가 바뀐다고 했다. 그 결과 더 적은 소유를 통해 더 많은 활용이 이루어지는 방향으로 소비경제가 정착하게 된다. 최근 크게 확산하고 있는 '공유경제'와 '구독경제'는 이것이 현실화한 형태다.

'공유경제 sharing economy'에서는 소비자가 자신이 필요한 물건을 구매하여 독점적으로 사용하는 것이 아니라 합리적인 가격으로 타인과 공유한다. 상품·서비스뿐만 아니라 지식, 시간, 재능, 경험

등 모든 유·무형의 자원이 그 대상이다. 사적 영역으로 간주하였던 집, 자동차, 자전거, 사무실은 물론 주방이나 생활용품까지도 협력적 공동 소비의 대상이 되고 있다. 택시업계와 크게 갈등을 빚으며 논란이 되었던 '타다'가 공유경제를 지향하는 대표적 사례다.

'구독경제 subscription economy'는 공유경제를 뛰어넘는 또 다른 소비개념이다. 신문·잡지의 구독과 같이 일정액을 내면 사용자가 원하는 상품·서비스를 주기적으로 제공받는 신개념의 유통방식이다. 이 개념의 창안자인 티엔 추오는 『구독과 좋아요의 경제학』에서 "우리가 소비하는 모든 것에 대해, 마치 전기나 물처럼 쓴 만큼 지불하는 것이 가능하다."라고 주장한다. 소유가 아닌 사용에 의한 소비이다. 이젠 종전의 배달이나 렌탈 방식이 아닌 3세대 구독방식으로 바뀌고 있다. 이는 온라인 기반의 비대면 서비스시스템을 활용하여 소비자에게 적절한 상품·서비스를 적극적으로 제시하는 전문성을 갖춘 구독방식이다.

지난해 현대자동차가 월 72만 원에 쏘나타, 투싼, 벨로스터를 바꿔가며 탈 수 있는 '현대셀렉션' 서비스를 시작하여 큰 화제가 되었다. 신분의 상징처럼 여겨지던 자동차가 소유의 대상이 아니라 경험하는 서비스로 바뀐 것이다. 이미 음악(멜론), 영화(넷플릭스)를 넘어서 먹거리와 생필품뿐만 아니라 침대, 자동차까지 무엇이든 구독하는 시대가 되었다. 구독서비스는 확장성이 매우 높아서 앞으로 모든 산업으로 확대될 전망이다.

연결성이 핵심인 구독경제에서 소비자는 자신의 취향에 따라 개별화된 상품·서비스에 지속적으로 접속하여 구독방식으로 소비한다. 설사 구독경제가 아니더라도 21세기 마케팅의 최대 화두는 역시 연결성이다. 필립 코틀러 교수는 『마켓4.0』에서 "마케팅 역사에서 가장 중요한 게임 체인저game changer는 바로 연결성"임을 강조하였다. 연결성은 마케팅의 핵심 기반인 시장 자체를 변화시키고, 경쟁에 대한 개념과 고객을 바라보는 방식도 바꿔놓았다. 따라서 마케터가 연결성의 폭과 깊이 그리고 강도를 총체적으로 이해해야만 효과적인 마케팅전략을 수립 · 집행할 수 있다.

구독비즈니스의 성공에는 경쟁사를 비롯한 외부 당사자들과의 협력은 물론 공동창조를 위한 적극적이고 능동적인 고객 참여가 필수 요건이다. 그리고 무엇보다도 개인화 데이터를 활용하여 개별 구독고객에게 맞춤형 상품 · 서비스를 어떤 환경에서든 실시간으로 연결하여 제공하는 능력이 중요하다. 고객에 대한 정보와 지식은 늘 새롭고, 정확하고, 충분해야 한다. 그래야 고객의 요구가 제대로 충족되고, 고객과의 관계가치가 높아져서, 더 많은 충성고객을 안정적으로 유지하게 된다.

답은 역시 마케팅이다.

(2020.01.20.)

경영의 창으로 본 세상

10

소비자는 어떻게 변하는가

90년대의 신세대 X가
밀레니얼 세대인 Y를 만나
최초의 디지털 인류인 나,
Z가 태어났다.
너무나 다른 우리에게
어느 날 연결의 기술이 생겼다.
XYZ세대가 타고 있다.
세대 연결 기술
카니발

기아자동차 '4세대 카니발'의 프리런칭 TV광고 카피다. 자동차의 성능이나 디자인, 쾌적함 등을 내세우지 않고, 오직 목표 고객의 라이프스타일에만 초점을 맞추었다. 광고는 음악, 게임, 레저를 통해 이 시대를 살아가는 XYZ세대가 '새로워진 카니발'에서는 '세대 연결'된다는 메시지를 감각적으로 표현했다.

2019년에 선보인 '2020 성공에 관하여'란 현대자동차 그랜저의 프리런칭 광고는 성공에 관한 시대적 개념을 강조하였다. 이후 다섯 편의 TV광고에서는 2020년 시점의 성공을 이야기한다. '그랜저=성공'이라는 상징성에 레트로(복고적) 감성을 덧입힌 혁신적인 뉴트로new+retro 광고다. 자동차를 말하기보다 자동차를 통해 투영된 소비자의 욕망을 말하는 이 광고는 복고 마케팅의 정석으로 평가된다.

두 광고에서는 이 시대를 함께 살아가는 다양한 세대의 사람들이 인식하는 삶과 존재의 의미를 보여 준다. 특정 세대가 추구하는 삶의 가치와 방식을 다양한 이야기 구조로 표현한 것이다. 세대란 같은 시대에 살면서 공통의 의식을 갖는 비슷한 연령층의 사람 전체며, 같은 세대는 문화적 사건과 경험을 공유한다. 그래서 마케팅에서 소비자를 세대로 구분하여 그들의 삶을 살피는 것은 매우 의미 있는 작업이다. 라이프스타일의 유사성과 그들의 소비패턴을 제대로 이해하는 것이 마케팅 성공의 관건이기 때문이다.

2018년 퓨리서치센터는 사일런트 세대(~1945년생), 베이비부머 세대(1946~1964년생), X세대(1965~1980년생), 밀레니얼 세대(M세대 또는 Y세대, 1981~1996년생), Z세대(1997년생~)로 세대를 구분했다. 세대의 간격도 종전 20~30년 단위의 연령 계층에서 디지털 시대에서는 15년 단위로 줄여서 XYZ세대로 정의하였다. 베이비부머 세대의 자식 세대가 밀레니얼 세대, X세대의 자식 세대가 Z세대인 셈이다. 2019년 통계청의 자료에 따르면 우리나라 MZ세대는 약 1,700만여 명으로 전체 인구의 34%를 차지할 정도로 큰 비중을 차지한다. 미국은 2018년 현재 MZ세대가 약 1억 3,400만 명에 이른다고 한다.

『트렌드를 넘는 마케팅이 온다』에서 서울대 박기완 교수는 MZ세대를 "최근 10여 년 동안 정치 · 경제 · 사회 · 기술 분야에서 일어난 모든 급진적인 변화를 최전방에서 온몸으로 맞으며 성장해온 세대"라고 규정한다. MZ세대는 집단보다는 '나'의 행복을, 소유보다는 공유를, 상품보다는 경험을 중시하는 소비 특징을 보인다. 사회적 가치나 특별한 메시지를 담은 물건을 구매하여 자신의 신념을 표출하기도 한다. 이들은 브랜드 신뢰성과 윤리성, 지속가능성을 추구한다. 온라인에 익숙한 이들이 소비하고 경험을 찾는 곳은 온택트 Ontact, 뉴트로 Newtro 그리고 유튜브 알고리즘 YouTube algorithm이다.

MZ세대는 막강한 구매력으로 소비의 중추를 이루고 동시에 새로운 트렌드를 주도한다. 이들은 우리 사회에 뿌리 깊이 박힌 편견과 고정관념도 바꾼다. 이들이 반응하고 떠들기 시작하는 것들은 결국 1년 이내 연령과 세대를 초월해 대부분의 사람이 궁금해하고 즐기는 것들로 확산한다. 지난해를 뜨겁게 달군 '깡팸'이 대표적인 예다. MZ세대 사이에서 유튜브에 업로드된 가수 비의 '깡' 뮤직비디오를 매일 시청하며, 영상에 달린 댓글을 즐기며 노는 팬덤 현상이 나타났다. 그 결과 농심 '깡 시리즈' 제품의 매출은 사상 최초로 100억 원을 넘겼다고 한다.

시장의 축이 올드파워old power 세대에서 뉴파워new power 세대인 MZ세대로 급속도로 이동하고 있다. 유통업계에서도 향후 소비를 주도하는 MZ세대에 주목하고 있다. 지난주 신세계그룹이 SK와이번스 야구단을 인수한다고 발표했다. 이는 유통업이 단순히 상품을 판매하는 것이 아니라, 고객의 시간을 점유하는 공간이 되어야 한다는 경영철학에 따른 결정이다. 주말마다 야구장을 찾는 관중의 대부분을 차지하는 MZ세대를 미래의 충성고객으로 확보하려는 전략이다.

변화하는 시장에서 성공하기 위한 불변의 마케팅 원칙은 고객가치를 실현하는 것이다. 오늘날 가장 영향력 있는 마케팅 구루인 세스 고딘이 『마케팅이다』에서 주장한 대로 마케터는 언제나 두 가지 핵심 질문에 대답해야 한다. 그것은 '누구를 위한 것인가?'와 '무엇을 위한 것인가?'이다. 우리의 진정한 고객은 누구이며, 그들에게 어떤 변화가 일어나는지를 제대로 아는 것이 마케팅의 기본이다. (2021.02.01.)

경영의 창으로 본 세상

11

코로나 시대의 소비문화

코로나19 여파로 최악의 청년실업과 자영업자 및 소상공인의 휴폐업이 이어지고 있다. 이렇듯 극심한 경제 한파 속에서 두 가지의 소비 행태가 두드러진다. '착한 소비'와 '보상소비'가 20~30대 소비자를 중심으로 빠르게 확산되고 있다.

최근 배고픈 형제에게 치킨을 공짜로 제공한 치킨가게의 선행을 칭찬하는 '착한 소비'가 화제다. 고등학교에 다니는 형이 치킨가게 주인에게 보낸 감동편지가 공개되면서 사연이 널리 알려졌다. 치킨집 점주를 '돈쭐(돈+혼쭐)' 내겠다며 전국 각지에서 치킨 주문이 밀려들었고, 주문이 폭주하여 배달까지 마비되었다고 한다.

돈만 내고 음식은 받지 않는 사례도 이어졌다. SNS와 배달앱, 유튜브 등에서 칭찬과 응원 메시지가 확산되면서 '착한소비'는 계속되고 있다.

한편, '보상소비'를 위한 명품구매 열풍도 대단하다. 최근 대구신세계백화점에 '샤넬' 매장이 오픈하자 백화점 주변은 개장 하루 전 오전 9시부터 고객들이 몰려와서 철야 대기하는 진풍경이 연출되었다. 며칠 후, 또 다른 백화점의 '에르메스' 매장 앞에는 개점 50분 만인 오전 11시 50분에 '금일 입장 대기 종료'라는 안내문이 나붙었다. 남들보다 먼저 명품을 구매하려고 수백 명의 고객이 대기하고, 개장하자마자 매장으로 뛰어가는 오픈런 open run이라는 신조어까지 생겼다.

두 가지 소비 사례는 얼핏 양극화된 소비심리를 나타내고 있는 것처럼 보인다. 그러나 두 소비의 핵심이 '가치소비' 내지 '신념소비'라는 점에서 유사한 성격의 소비문화로 여겨진다. 중앙대 황금주 교수가 명명한 'FIVVE'라는 소비 특성을 담고 있기 때문이다. 재미 fun, 비일관성 inconsistency, 가치 value, 바이러스보복소비 virus revenge consumption, 그리고 표현 expression이다. 이것은 주로 MZ세대가 자신의 소비 신념에 따라 자신을 표현하고 SNS에서 활발히 소통하며 공유하면서 소비하는 행태다.

치킨집 '돈쭐' 행렬은 신념을 나타내는 '가치소비'다. MZ세대는 착한 가게를 '착한 소비'로 응원하며 SNS를 통해 이것을 공유하고 알림으로써 뿌듯함을 느낀다. 최근 명품 소비가 급증하는 이유로 꼽히는 '바이러스보복소비'도 자신의 신념을 표출하는 소비다. 오랫동안 코로나로 힘들었던 자신에게 이 정도 좋은 선물은 할 수 있다는 뜻에서 소비하는 명품구매는 자기 보상 차원으로 이해된다. 명품구매로 위안을 받으려는 심리가 크게 작용한 것이다. 소비자들은 이것 또한 당연히 '가치소비'로 여긴다.

향후 '가치소비' 추세는 더욱 확산될 것이다. 그래서 기업들은 '미닝아웃' 소비에 철저히 대응해야 한다. '미닝 meaning'과 '커밍아웃 coming out'의 합성어인 '미닝아웃'은 구매를 통해 자신의 신념이나 가치를 적극적으로 표현하는 것을 뜻한다. 요즘 소비자들은 하나의 브랜드를 고집하지 않고 개인의 실리적 이득과 순간 효용을 중시한다. 가격과 품질만을 따지지 않고 진정성에 공감하며 환경과 건강을 생각하며 소비하는 것이다. 따라서 기업들은 이러한 소비 트렌드를 반영하여 브랜드가치를 창출하고, 사회적·환경적 문제에 적극적으로 대응함으로써 고객들의 애착감정을 붙들어야 한다.

극심한 불황 속에서도 명품에 대한 열망은 식을 줄 모른다. 이제 명품은 더 이상 최상류층의 전유물이 아니며, 인기 품목은 돈이 있어도 살 수 없을 정도다. 너도 나도 따라 사는 밴드왜건

효과 bandwagon effect가 나타난 것이다. 연이은 가격 인상에도 없어서 못 판다고 한다. 잦은 가격 인상이 오히려 명품소비를 부추긴다고도 한다. 인터넷에서 '명품'을 검색하면 명품깡, 명품계, 명품광, 명품학폭, 명품중독 등 부정적인 단어가 숱하게 등장한다. 부정적인 이름은 부정적인 프레임을 구축한다. 소위 이름효과 name-letter effect다. 그래서 과도한 명품구매에 대한 비난과 우려가 많다.

하지만 명품 구매 자체가 비난받을 만한 소비는 아니다. 오히려 명품을 소비할 수 없는 경제적 약자들이 겪을 상대적 박탈감, 소득수준을 뛰어넘는 무리한 구매가 염려된다. 특히 SNS에서 명품으로 자신의 성공이나 부를 과시하는 이른바 '플렉스' 문화는 결코 바람직하지 않다. 또, 고급 슈퍼카 차주가 소형차 운전자를 비하하며 폭언한 최근 사례에서 보듯이 고가의 사치품으로 사람의 가치를 판단하는 것은 매우 잘못된 풍조다. 이처럼 값비싼 사치품이나 명품 이용이 자신의 지위나 신분을 상류층으로 이끌어 준다고 믿는 파노플리 효과 panoplie effect는 건전한 소비문화를 크게 저해한다.

세탁소의 고참 옷걸이가 새로 들어온 옷걸이에게 충고를 한다. "네게 걸려 있는 값비싼 옷 때문에 우쭐대지 마라. 너는 단지 옷걸이일 뿐."

(2021.03.29.)

경영의 창으로 본 세상

12

고령사회, 노인을 위한 시장은 있다

이달 초 대구 엑스코에서 '2019 대구 액티브 시니어축제'가 열렸다. 지난해 3배 수준인 3만 5천여 고령의 어르신들이 참가하여서 활기차고 능동적인 라이프 스타일을 체험하고 시니어 관련 제품홍보와 마케팅이 펼쳐져 시니어산업의 도약에 큰 효과를 거두었다고 한다. 고령화 추세는 전 세계적으로 거스를 수 없는 추세이고, 특히 대구 · 경북지역의 고령화는 매우 빠르게 진전되고 있다. '2019 고령자 통계'에서 통계청은 65세 이상 고령인구 비율이 대구가 15.1%로 전국 7개 특별 · 광역시 중 부산에 이어 2위이고, 경북은 19.8%로서 전국 17개 시 · 도 가운데 전남에 이어 두 번째라고 발표하였다. 또 2045년에는 경북 인구의 10명 중 4명 이상을 노인 인구가 차지하게 될 것으로 전망하였다. 따라서 우리 고장의 이처럼 높은 고령화 비율을 고려할 때 시니어축제의 의미는 매우 크다 하겠다. 그러나 축제를 비롯한 시니어산업이 실효성 있는 결과를 산출하려면 시니어에 대한 우리 모두의 관심과 이해가 필수적일 것이다.

우선 시니어시장은 규모 면에서 대단히 매력적인 것으로 보인다. 현재의 시장 판도를 멀지 않아 완전히 바꾸어버릴 새로운 비즈니스 기회도 있다. 고령인구의 숫자만 보더라도 이들을 대상으로 하는 비즈니스의 가능성은 매우 크기 때문이다. 우리나라는 고령화사회(총인구 중 65세 이상의 인구 비율이 7% 이상)를 거쳐 2017년에 이미 고령사회(14% 이상)에 진입했고, 2025년경에는 초고령사회(20% 이상)가 될 것으로 예측된다. 통계청은 우리나라의 고령인구 구성비가 2020년 15.7%에서 2065년에는 무려 46.5%에 이를 것으로 전망하였다. 실로 고령화 속도가 세계에서 가장 빠르다. 이 같은 노인 인구의 급속한 증가와 함께 그들의 구매력도 크게 개선되고 있다. 그래서 고령층은 더 이상 뒷방 늙은이가 아니라 왕성한 구매의욕과 충분한 구매력을 갖춘 시니어소비자 집단을 형성하여 경제를 이끌어갈 주체로 등장할 가능성이 매우 높다. 한국보건산업진흥원은 우리나라의 시니어비즈니스의 시장규모를 2010년 33조 원에서 2015년에는 68조 원으로, 그리고 2020년이 되면 125조 원 규모로 급격히 성장할 것으로 보고 있고, 세계적으로도 2020년까지 60세 이상의 노인소비가 약 15조 달러에 이를 것으로 추산되고 있다.

한편, 시니어비즈니스 시장에 대한 이러한 장밋빛 기대를 가로막는 요소들도 숱하다. 우선 우리 사회에 팽배한 부정적인 고령담론이다. 고령쓰나미, 노인쓰나미, 잿빛쓰나미 등과 같이 고령화를 인류생존의 최대 위협요소로 보는 부정적 시각이 그것이다. 노인들은 궁핍하고, 이기적이며, 비용이 많이 드는 골칫거리인 존재로 보는 잘못된 사회인식이 만연하다. 심지어 노인들조차도 노인이라는 말을 쓰는 것을 싫어한다. 미국의 퓨Pew리서치센터가 2009년 실시한 여론조사에서는 75세 이상 노인 가운데 35%만이 자신을 '늙었다'라고 여긴다고 응답하였다. 그래서 노인대학, 경로대학도 평생대학, 실버대학, 시니어 아카데미라고 이름을 바꾼다. 노인이라는 말 대신 '시니어'라든가 '실버'라는 국적도 의미도 불분명한 표현을 선호한다.

대체로 '시니어'란 50대 이후의 중·노년층을 의미하여, '실버'보다는 확장된 연령층을 포함하는 개념으로 쓰이고 있다. '실버'란 하얗게 센 머리가 연상되는 단어로써 약자라는 고정관념이 있다. 반면에 '시니어'는 연장자 혹은 지위가 높은 어른을 뜻하여 긍정적 이미지를 지닌다. 대구의 축제에서 보듯이 '액티브 시니어'라는 개념도 나온다. 여유 있는 자산을 가지고 본인의 건강, 미용, 자기

계발에 적극적인 소비를 하는 중산층들로서, 프리미엄 제품과 서비스에 대한 높은 욕구와 구매력을 지닌 시니어들이다. 이렇게 볼 때 시니어시장의 잠재력과 시니어비즈니스의 매력은 충분이 크다. 급증하는 고령인구와 그들의 활발한 소비욕구로 거대한 시니어시장이 형성되고, 비즈니스의 내용도 매우 다양하게 세분될 것으로 예상된다.

시니어시장은 크게 즐거움 enjoy을 위한 시장과 노년의 불안에 대응하는 케어 care 시장으로 양분된다. 어느 시장에서든 시니어소비자를 제대로 이해하는 것이 사업의 관건이다. 시니어소비자들은 노인 취급당하는 것에 저항하고, 자신은 아직도 젊다고 생각하여, 오히려 노인용 상품을 배척하기도 한다. 그 결과 시니어비즈니스 현장에는 마케팅 실패 사례가 무수하다. 거대기업 하인즈 H. J. Heinz Co.가 60세 이상 노인들을 위해 무려 10년에 걸쳐 개발한 통조림은 '저는요 늙고, 가난하고, 더구나 이도 성하지 않아요.'라고 말하는 듯하며 노인들로부터 철저히 외면을 당했다. 따라서 시니어소비자에 대한 폭넓은 연구와 이해가 없이는 시니어비즈니스의 성공을 기대할 수 없다. 노인들에게 삶의 기쁨과 행복을 안겨드리겠다는 진정성 있는 시니어 마케팅을 펼친다면, '노인을 위한 시장'은 분명 크고 매력적이다.

(2019.10.14.)

4부

마케팅 어떻게 할 것인가

미래의 경쟁력은 결국 상상력과 창의력에 달려 있다.
누가 더 새롭고 신선한 발상을 하느냐가
마케팅을 비롯해 전체 비즈니스의 성패를 좌우할
강력한 무기가 된다.

— 김용섭·전은경, 『소비자가 진화한다』

경영의 창으로 본 세상

01

마케팅의 기본(1): '의미의 다름' 찾기

1917년 마르셀 뒤샹은 남성 소변기에 '〈샘〉Fontaine'이란 제목을 붙이고 'R. Mutt 1917'이라고 쓴 뒤 미술 전시회에 내 놓았다. 당시 이 작품(?)은 엄청난 논란을 일으켰고, 주최 측은 전시를 거절하였다. 뒤샹은 자신의 작품이 "원래 가지고 있던 일상적 가치를 제거하고 새로운 맥락에서 새로운 개념과 정체성을 창조해내었다."라고 주장했다. 새로운 '의미'의 부여를 바로 예술 작품이라고 본 것이다. 최재붕 교수는 『포노사피엔스』에서 눈에 보이지 않는 미세한 차이, 그러나 본질을 바꾸는 결정적 차이인

앵프라맹스 inframince가 더하여져 엄청나게 많은 '의미'를 담은 예술품이 탄생된다고 하였다.

'요즘 어때? What's the story?' 유럽의 창업 강국인 아일랜드 사람들은 안녕이란 말 대신 이렇게 인사한다. '무슨 얘깃거리라도 있어?' 라는 뜻이다. 서양 사람들의 또 다른 아침 인사로는 'What's new?'가 있다. 늘 새로운 일에 관심을 보이고, 새로운 세계에 발을 들여놓고, 새로운 사람들을 만나는 것을 즐기는 표현이다. 우리의 '잘 있었어?' 라는 말 대신 쓰이는 이 말들의 공통점은 '의미'가 담긴 인사라는 점이다. 『포춘 쿠키의 법칙』에서 버나뎃 지와는 마케팅에서의 '의미'를 이렇게 설명하고 있다. "사람들이 포춘 fortune 쿠키를 구매하는 이유는 그것이 다른 과자보다 맛있기 때문이 아니라 과자를 먹은 뒤에 얻는 즐거움 때문이다." 따라서 쿠키를 판매하는 일보다는 포춘을 만드는 방법을 찾는 일이 당연히 더 중요하다. 이처럼 단순히 상품을 넘어서서 '의미'가 생겨날 때, 비로소 아이디어는 퍼져나가고 그 상품은 대체 불가능한 것이 된다.

최근 백화점에서 일제히 여름 세일 행사를 하였다. 어려운 경제 현실을 반영하듯 결과가 신통치 못하다는 소식이 들린다. 신문과 전단 광고는 물론이고 SNS를 통한 치열한 홍보 노력에도 불구하고 소비자들의 지갑을 열기는 어려웠던 모양이다. 장사가 힘들기는 전통시장이나 골목상점 그리고 대형할인점도 마찬가지다. 불볕더

위와 불경기 탓도 있겠으나 가격 할인을 기반으로 하는 판매방식이 더 이상 작동하지 않은 것이다. 기발한 광고나 홍보, 판매기법이나 유통방법도 필요하겠지만, '의미의 차별성'이 전제되지 않은 그 어떤 마케팅 노력도 진정한 마케팅이 될 수는 없다.

마케팅의 기본 가운데 첫째는 본질을 바꾸는 '의미의 다름'을 찾는 일이다. 달리 말해 마케팅은 새로운 시·공간, 새로운 상황, 새로운 아이디어, 그리고 새로운 시장을 창조하여 독점화하는 작업이다. 이때 새로움이란 차별성을 말한다. 그리고 '차별성'은 더 '나음'이 아니라, 본질을 바꾸는 '다름'을 뜻한다. 이 '다름' 때문에 고객들로부터 새것, 신선한 것, 가치 있는 것으로 인정받게 된다. '다름'의 의미를 모르는 기업들은 경쟁자보다 더 낳은 품질, 더 낮은 가격 조건을 만들기 위해 혼신의 노력을 펼친다. 이미 시장에 나와 있는 경쟁 제품에서 몇 가지 부분을 바꾸거나 눈에 띄는 몇 가지 특징들을 덧붙이거나 하여 이것을 남과 다른 신상품이라고 하며 시장에 내놓는다. 그리고는 불특정 다수의 소비자들에게 기존 상품과의 차이점을 어떻게 알릴 것인지를 고민한다. 그러나 경쟁 상품보다 더 개선된 품질이나 성능, 가격 조건 등을 제시한다고 해서 반드시 경쟁에서 이기는 것은 아니다. 더구나 큰 희생을 치르고 경쟁에서 승리하더라도 결국은 신뢰나 관용은 사라지고 더 많은 문제가 야기된다. 치열한 경쟁의 결과는 '도토리 키 재기'이며, 어느 누구도 승자로 만들지 않기 때문이다.

그런데 유사성이 지배하는 경쟁시장 환경에 저항하며 진정한 '다름'을 추구하는 브랜드들이 있다. 하버드 대학의 문영미 교수는 이들을 '아이디어 브랜드'라고 부른다. 역브랜드(풀업스, 스와치 등), 일탈브랜드(야후, 구글, 이케아 등), 적대브랜드(미니쿠퍼, 레드불, 홀리스터 등) 들이다. 이들은 애당초 경쟁이나 비교 따위에는 아무런 관심이 없다. 소비자들의 불만과 비난도 두려워하지 않는다. 오로지 기존의 브랜드와는 완전히 다른 시각으로 '의미'의 진정한 차별성을 추구하여 전혀 다른 미래 시장을 창조한다. 그 결과 소비자들은 그들에게 각별한 관심을 갖게 되고, 심지어 마니아들과 전도사들이 된다. 진정한 '의미의 다름'은 뒤샹의 〈샘〉처럼 세상에 새로운 의미를 부여하려는 자세와 노력에서 창조된다. 그러려면 고객을 깊이 이해하고 그들의 생각과 행동을 존중하는 기업문화가 전제되어야 한다. 창업의 메카 이스라엘의 명성도 타인의 생각과 주장의 '다름'을 존중하고 열정적인 토론을 장려하는 문화에서 비롯되었다. '의미의 다름'을 이루어내는 것. 이것이 마케팅의 첫 번째 기본이 될 것이다.

(2019.08.05.)

경영의 창으로 본 세상

02

마케팅의 기본(2): 단순함이 답이다

일본과의 무역 분쟁으로 나라 전체가 온통 혼란 가운데 놓여 있다. 적절한 대응 방안을 찾아내기가 매우 어려운 듯하다. 대체로 복잡하게 얽혀져 있는 사건을 제대로 해결하려면 우선 곁가지들을 모두 걷어내고 문제 상황을 가능한 한 단순화해서 상식으로 문제의 핵심을 바로 보는 일이 가장 중요하다. 링컨 대통령도 "중요한 쟁점들을 결정하고 구체적인 행동을 이끌어내기 위해서는 논리적이고 단순한 상식의 언어를 이용해야 한다."라고 하였다. 경제학자들은 우리가 충분한 정보를 갖고 있다면 합리적인 결정을 내릴 수 있다고 한다. 그러나 현실 세계의 어려운 문제

해결에 관여했던 사람이라면 누구나 인간은 비합리적이라는 사실을 깨닫게 된다. 합리적이고도 정교한 분석을 거쳐서 바람직한 해결방안들이 나올 수도 있겠지만 문제의 본질과는 거리가 먼 것들이 대부분이다. 오히려 단순한 상식과 직관을 통해 얻게 되는 해답이 명쾌하고 적절한 방안이 되는 경우가 많다.

단순함 simplicity이란 복잡하지 않거나 정교함이 떨어지는 것을 뜻한다. 그런데 복잡한 현상을 정교하게 분석, 정리하면 복잡한 것도 뜻밖에 단순하게 이해될 수 있다. 이러한 의미에서 레오나르도 다 빈치의 "단순함은 고도의 정교함이다."라는 표현이 실감난다. 그는 인간의 마음을 눈과 귀, 그리고 다른 감각기관들로부터 들어온 재료들을 모으는 실험실로 보았다. 그 재료들은 상식이라는 기관을 통해 운반된다고 하였다. 상식은 사물을 있는 그대로 보는 것이며, 일종의 초감각이어서 '단순함'을 만들어내는 힘이 된다. 연세대 지용구 교수는 그의 저서 『복잡성에 빠지다』에서 '단순성'이 최고의 기업전략임을 밝히는 여러 사례들을 소개하고 있다. 마케팅에서도 건전한 상식에 근거한 '단순성'이 좋은 전략이 될 수 있다. 리처드 코치와 그레그 록우드는 『Simplify』에서 '단순화'가 대규모 시장을 만들고 수익성이 엄청난 사업을 발생시키는 비결이 된다고 주장하고, 가격단순화와 상품단순화 두 가지 전략방안을 제안하고 있다.

맥도널드의 레이 크록은 가격단순화전략의 신봉자였다. 1961년 맥도널드를 사들인 후에 자신이 만든 최초의 슬로건은 키스KISS였다. 키스는 '단순함을 잊지 말라고, 이 친구야Keep It Simple, Stupid'를 줄인 말이다. 1948년 당시 맥도널드는 식당 메뉴를 단 아홉 가지 품목으로 제한하였다. 커피숍의 햄버거가 30센트였던 것에 비해 맥도널드의 훌륭한 햄버거 값은 15센트였고, 프렌치프라이는 단돈 5센트였다. 1967년 인플레이션 때문에 18센트로 햄버거 가격을 인상할 때까지 19년 동안 한결같이 15센트를 유지하였다. 이처럼 가격단순화전략은 가격을 경쟁 상품이나 서비스보다 최소 절반이나 그 이하로 낮추는 것이다. 당연히 값비싼 경쟁 상품과 똑같지는 않겠지만 핵심 기본 기능만큼은 동일하게 또는 오히려 더 이상으로 일관성 있게 유지하는 것이다. 맥도널드와 함께 저비용항공사LCC인 사우스웨스트항공, 글로벌 가구업체 이케아 등도 가격단순화 방식의 성공 사례이다.

또 다른 단순화전략으로 상품단순화가 있다. 제품이나 서비스를 단순화하여 확연히 탁월한 상품을 제공하는 것이다. 스티브 잡스의 전기 작가 월터 아이작슨은 잡스를 이렇게 평가했다. "잡스는 버튼을 제거하여 장치를 단순화했고, 기능을 줄여 소프트웨어를 단순화했으며, 옵션을 없애 인터페이스를 단순화했다." 잡스의 설명은 이렇다. "우리는 첨단기기도 얼마든지 밝고 순수할 수 있다는 점을 부각할 것이다. … 그것이 애플의 접근법이다. 아주 단순할 것 … 회사 운영 방식, 제품디자인, 광고, 이 모든 것은 바로 진정한 의미의 심플simple이라는 단어로 요약된다." 그는 사용자가 가장 편하게 쓸 수 있는 컴퓨터를 만드는 일 즉, 편의성을 늘려 효용을 먼저 증대시킨 다음 유용성과 예술성을 키워서 애용품으로 만드는데 성공했다. 애플의 아이폰과 아이패드는 걸음마를 배우는 아이들도 가지고 잘 논다. 그래서 '아이'라는 이름이 붙었다는 농담이 있을 정도로 직관적이고도 쉽게 사용할 수 있게 만들어졌다. 구글 검색엔진, 아마존의 원클릭주문 등도 상품단순화의 대표적 성공 사례들이다.

마케터들은 흔히 고객들은 더 많은 선택권을 원하고, 그래야만 고객만족도도 높아지리라 생각한다. 그러나 선택권의 증가가 오히려 만족도를 감소시킨다는 연구 결과들이 많이 나왔다. 그래서 마케팅의 기본은 '더하기'가 아니라 '빼기'다. 고객 입장에서 불필요한 요소를 최대한 제거하고, 고객가치의 일관성을 유지하는 것이 중요하다. 잡스가 강조한대로 '기막히게 위대한 제품'이 나오려면 '단순화'를 통해 고객들을 흥분시키는 요소가 생생하게 구현되어야 한다. '채움' 증후군에서 벗어나서 '비움'의 지혜를 갖출 때 비로소 마케팅의 핵심과 만날 수 있다.

(2019.08.19.)

경영의 창으로 본 세상

03

마케팅의 기본(3): 진정성이 핵심이다

3년 전 이맘때. 미국 텍사스주 댈러스의 한 레스토랑에서 손님이 물 한잔(0.36달러)을 주문하고 팁으로 500달러를 지불한 진기한 일이 있었다. 어떤 노부인의 딸이 자신의 어머니에게 위로와 배려를 베푼 이 식당의 종업원에게 감사하고, 식당을 떠나면서 냅킨에 이렇게 메모를 남겼다. “어머니에게 1년 중 가장 우울한 날을 당신이 멋진 날로 만들어 주었습니다. 어머니가 식료품점에서 장을 보고 계산대 앞에 있을 때 생면부지의 당신이 돈을 내겠다고 고집했고, 그날은 아버지가 돌아가신 지 3년째 되는 날이어서 어머니는 매우 우울했습니다. 그리고 당신은 어머니에게 아름다운 여성이라고 말해 줬습니다. 나는 아버지가 돌아가신 이후로 어머니가 이렇게 웃는 것을 본 적이 없습니다." 식당 종업원이 노부인에게 베푼 행위는 진정성眞情性이 가득한 배려였고, 이날의 파격적인 팁은 팁이 아닌 진정한 감사의 표시였다.

물건을 사고팔 때도 사람들이 가장 중시하는 것은 상품이나 서비스 자체보다는 상호 간의 배려와 진정성眞正性이다. 2011년 알리바바의 신뢰를 심각하게 깨트린 사건이 있었을 때 마윈 회장은 사태에 대처한 후 이렇게 말했다. "우리의 가장 소중한 가치는 진정성이다. 우리는 직원들의 진정성과 온라인 시장의 진실성을 바탕으로 소규모사업체를 신뢰할만하고 안전한 공간으로 마련하였다. 이 같은 우리의 문화와 가치관을 훼손하는 행위는 결코 용납될 수 없다." 5년 뒤 알리바바는 월마트를 뛰어넘어 세계 최대의 소매업체로 성장했다. 불신이 만연한 사회에서 진정성의 힘을 제대로 보여준 것이다.

체험경제학의 새로운 모델을 제시한 제임스 길모어와 파인 2세는 소비자들이 진짜 원하는 것은 진정성authenticity이라고 강조하였다. '진정성'은 소비자와 상품과의 관계에서 나타나며, 소비자들에게 마케팅의 진정성을 인정받는 요소로 다섯 가지를 들고 있다. 첫째는 '자연성'이다. 자연적 요소를 주입하는 것으로, 가공되지 않거나 합성되지 않는 자연 그대로의 상태에서 진정성이 발견된다. 무농약, 친환경제조 등으로 진정성을 어필하는 경우이다. 둘째로는 '독창성'이다. 새로운 것이나 차별성이 강한 것에서 진정성을 인정받는 것이다. 애플의 소비자 친화적인 기술이나 디자인처럼 이제까지 경험하지 못한 최초의 것에 진정성이 있다고 소비자들은 인정한다. 셋째, '특별함'이다. 고객의 개별적 요구에 각별한 배려와 진심으로 봉사하는 서비스에 사람들은 진정성을 느낀다. 넷째는 '연관성'이다. 사람들이 문화적 관습이나 영화를 보고 실생활에 가까운 진실성을 느꼈을 때 진정성이 있다고 평가하는 것이다. 끝으로, '영향력'이다. 본인이나 타인을 더 나은 방향으로 변화되도록 돕고, 그 의미가 인정될 때 소비자들은 진정성을 인식한다.

김상훈과 박선미는 『진정성 마케팅』에서 "훌륭한 브랜드는 인간적이며 사람에 집중하는 것"이라고 주장한다. 이어서 "진정성 마케팅은 말과 행동이 일치하는 겸손하고 정직한 브랜드가 되는 것이다. 탄생스토리가 있고, 실력이 있으나 겸손하고, 따뜻하고, 쿨하고, 열정이 있고, 사회적 이슈에 공감하고 소통하는 브랜드가 되는 것"이라고 하였다. 그래서 진정성은 신뢰할 수 있는 착한 브랜드로 이어지게 된다. 따라서 좋은 제품도 중요하지만 착한 브랜드가 되는 것이 마케팅의 핵심이다. '착한' 브랜드가 되기 위한 조건으로는 겸손, 정직, 양심, 건전한 윤리의식, 사회적 이슈에 대한 관심 등을 들 수 있다. 그러나 최우선은 비즈니스의 목적을

'소비자의 행복'에 두는 것이다. 이것은 '인간욕망프로젝트'에서 멜린다 데이비스가 주장한 최적의 마음 상태인 'O'라는 개념과 일맥상통한다. 그녀는 마케터가 물질적 풍요를 제공한다는 기존의 모델에서 탈피하여 소비자의 아픔을 치유하는 '형이상학자'로 변환되어야 한다고 강조한다. 치유자로서의 마케터 역할이다. 소비자는 정신적 위안 곧 안락한 마음 상태를 얻기 위해 특정 제품을 선택하고 구매한다는 것이다. 결국 진실과 정직 그리고 인간적인 따스한 배려, 참된 마음 이 고객과의 지속적인 신뢰 관계를 유지하는 바탕이 된다. 이처럼 진정성은 곧 신뢰로 이어지게 된다.

세계적인 신뢰전문가인 옥스퍼드대학교의 레이첼 보츠먼 교수도 "모든 행위와 관계와 거래의 근간은 신뢰"라고 주장하였다. 그런데 세계 최대 커뮤니케이션 마케팅 회사인 에델만이 발표한 2019 신뢰도 지표 조사에서 한국의 신뢰도는 46%로 매우 낮았고, 기업신뢰도는 38%로 가장 낮게 조사되었다. 또 지난해 9월 닐슨코리아의 조사에 따르면 한국의 소비자 신뢰지수는 전 세계 64개국 가운데 최하위였다. 이렇듯 불신이 가득한 현실 세계에서 사람들은 과연 어떤 판매자를 신뢰하고 선택할까? 그 답은 '진정성'을 실천하는 굿 컴퍼니 good company, 곧 약속을 잘 지키고, 도덕적이며, 진실과 원칙을 중시하는 판매자이다. 또한 이기적인 자세를 버리고 최선을 다해 행동으로 신뢰를 보여주는 기업이다. 앞서 두 번의 칼럼에서는 '의미의 다름 찾기'와 '단순함'이 마케팅의 기본이라고 하였다. 그러나 무엇보다도 우선되는 마케팅의 기본은 '고객에 대한 진정성'이다. 요즈음 혼미한 정국에서 가장 중요한 지도자의 덕목도 역시 '국민에 대한 진정성'이 아닐까. 어느 때나 어디서나 말과 행동이 일치하는 겸손하고 정직한 지도자를 사람들은 신뢰하고 따른다.

(2019.09.02.)

경영의 창으로 본 세상

04

마케팅은 스토리텔링이다

이번 추석 명절에는 참 유별난 일들이 많았다. 방역 당국의 권고로 가족 간의 만남이 제한되면서 많은 어르신이 명절을 외롭게 보냈다. 고향 방문은 줄었지만 긴 연휴 탓인지 젊은 이들의 휴양지 방문은 크게 늘어났다. 정부는 방역에 대한 당부 메시지를 하루에도 몇 차례나 보냈다. KBS 방송은 추석 전날 밤 언택트 생방송 형식으로 〈나훈아 쇼〉를 방영하여 나라를 들썩이게 했다. 공연 중 나훈아가 한 말들과 그가 부른 〈테스형〉은 폭발적인 화제가 되었다. 현직 장관의 남편이 요트 구입을 위해 미국 여행을 떠난 일도 크게 논란이 되고 있다. 또 방역을 이유로 경찰이

차 벽을 설치하여 개천절 광화문 집회를 원천 봉쇄했다.

비평가 진중권은 이러한 사건들의 의미를 촌철살인의 한 문장으로 표현했다. "이 사회가 '자유주의' 가치에 대한 인식과 평가가 너무 약하다고 느낀다." 그의 말은 공동체적 이익이 개인의 자유와 권리를 희생시키는 것을 당연시해서는 안 된다는 것이었다. 자유와 질서는 민주사회의 안정에 필수적인 요소다. 이 둘은 서로 뗄 수 없는 관계에 있지만 늘 반목하고 충돌한다. 그런데 자유롭고 풍요한 시민 생활은 자유와 질서가 조화롭게 균형을 이룰 때 보장된다. 질서 없는 자유는 혼란 그 자체이며, 자유 없는 질서는 곧 전체주의이기 때문이다. 자유와 질서가 조화를 이루려면 반드시 대화와 소통이 제대로 작동해야 한다.

코로나19로 대화와 소통의 방식도 급변했다. 대면으로 소통했던 컨택트 contact 시대가 온라인 만남이 일상이 되는 온택트 ontact 시대로 바뀌었다. 이미 세상은 누구와도 언제 어디서나 연결되고 소통하며 협력하는 유택트 U-tact 시대에 진입했다. 온라인에서도 실재와 동일한 수준의 경험을 재현한다는 유택트는 10년 후 우리 생활의 모든 영역에서 일상화될 것이라고 한다. 이처럼 소통의 도구는 급속히 진화되고 있지만, 정작 소통의 내용에 진정성이 결핍된 현실에서 우리는 갈등하며 살고 있다.

마케팅도 소통이 핵심이다. 과거 판매자의 일방적 소통에서 이제는 구매자 중심의 쌍방향 소통이 필수다. 마케팅의 최종목표인 고객만족도 소통기반이 무너지면 구두선에 불과하다. 소통기반이란 소통의 내용물과 소통 방법을 아우르는 개념이다. 온택트 시대는 디지털 방식의 소통도구를 잘 활용해야 한다. 그러나 핵심은 소통의 내용인 이야기, 즉 스토리 story 다. 왜냐하면 스토리는 소비자들이 구매하는 제품이나 서비스의 일부이기 때문이다. 어떤 경우에는 구매하고 싶어 하는 것이 스토리 자체일 수도 있다. 그래서 마케팅은 소비자에게 들려줄 아이디어를 재미있고 생생한 이야기로 만들어 퍼뜨리는 일, 즉 스토리텔링이다. 애플은 사람들이 표준에 도전하는 것에 대해, 나이키는 불가능한 것에 도전하는 사람들에 대해, 에어비앤비는 세계 곳곳에 사는 여행자들에 대해 스토리텔링을 한다.

『마케터는 새빨간 거짓말쟁이』란 도발적인 제목의 책에서 세스 고딘은 "스토리텔링은 사람과 사람을 연결해주는 소통의 방식이며, 아이디어를 퍼뜨리는 유일한 방식"이라고 주장한다. 사실 그대로를 말하기 보다는 스토리를 이야기하라고 강조한다. 무엇보다 사람들은 스토리를 좋아하기 때문이다. 그의 또 다른 책, 『보라빛 소가 온다』에서는 스토리를 차별화하는 핵심 개념으로 '리마커블(비상한 remarkable)'을 제안하였다. 그저 그런 누런 소들로 가득 찬 지루한 들판의 풍경 속에서 만일 한 마리의 보랏빛 소를 보게 된다면 사람들은 경이로움을 느껴 누가 시키지 않아도 타인에게 열성적으로 이야기를 전하게 된다. 그는 "리마커블하고, 일관성 있고, 진정성이 있는 스토리를 들려줄 때 마케팅은 강력한 효과를 발휘할 수 있다."고 주장한다.

억지로 만든 스토리는 아무 의미가 없다. 사람들은 진정성 있는 스토리만 믿는다. 스토리가 신뢰를 얻기 위해서는 그 내용과 방식이 소비자의 삶과 일치해야 한다. 동시에 짧고, 쉽고, 재미가 있어야 한다. 그래야만 사람들은 기꺼이 그 스토리를 믿고, 수용하고, 타인에게 전한다. 이처럼 사람들이 믿고 이야기할 만한 스토리가 만들어져서 제대로 전달될 때 비로소 스토리텔링 마케팅은 성공한다.

기업뿐만 아니라 정부나 지자체도 적극적으로 스토리텔링을 해야 한다. 행정의 모든 부분에서 국민과 지역주민의 신뢰와 협조를 이끌어내려면 믿을 만하고 차별적이면서 훌륭한 스토리가 필요하다. 정부나 지자체가 내세우고자 하는 것이 아니라, 국민과 지역주민의 세계관과 일치하고, 그들이 가장 기대하는 요소를 담아낸 것이라야 한다. 그것은 눈에 보이지 않는 것들, 즉 자부심, 공존감, 안전성, 쾌적성, 선진성, 성공, 재미, 기쁨, 소속감 등이다.

"소중한 것은 눈에 보이지 않아."라고 말한 어린왕자의 주장은 언제 어디서나 진리다.

(2020.10.12.)

경영의 창으로 본 세상

05

마케팅은 소통이다

경축일 연휴에 고향을 찾은 이들이 많았다. 추석 명절에 시행된 방역지침을 따르느라 부모님을 찾아뵙지 못해서다. 개천절 연휴에는 전국의 고속도로가 매우 혼잡하여 많은 차량들이 거북이걸음을 면치 못했다. 하지만 가족들이 모여 서로를 마주 보며 정담을 나누는 일은 어떤 수고로움보다도 소중하다. AI시대라고는 하지만 SNS로는 진정한 소통이 어렵다. 가슴속 간절한 이야기는 만남을 통해서만 전해진다.

만남은 오감이 총동원되는 최고의 소통방식이다. 문화와 생활방식이 상대방과 공유될 때 소통의 효과는 최고조에 이른다. 동향인同鄕人이 공유하는 언어와 몸짓은 서로의 마음 속 깊은 곳까지 이해하는 소통의 근원이다. 인류학자 에드워드 홀이 지적한 대로 그들은 공통의 문화를 지닌 '고맥락사회'에 사는 사람들이기 때문이다.

우리 고장 출신의 상희구 시인이 그의 열 번째 시집 『팔공산』을 보내왔다. 대구와 주변의 서정을 비롯한 인문지리를 경상도 사투리로 썼다. 이미 출간한 아홉 권과 함께 『대구시지大邱詩誌』 제10집 완결편이다. 실로 20여 년에 걸친 대장정의 마침표다. 책속에 《하빠리》라는 제목의 짧은 시다.

동네 아이들이 까꾸잡기를 하는데
주묵깨나 씨는 덕구란 늠이 정리를 한다.
야야 야들아, 일로 다 모이라
너거들은 일로 모이고
하빠리들은 절로 모이고

이 시는 경상도 사람들만 제대로 이해할 수 있다. 설령 표준말로 해설해 놓더라도 외지인들은 사투리 시에 공감하기 어렵다.

기업에서도 고객과의 소통은 매우 중요하다. 핵심고객을 창출하고 그들의 요구에 잘 대응하여 적절히 소통하는 것이 마케팅부서의 가장 중요한 미션이다. 핵심고객은 기업의 적극적 옹호자인 동시에 생산과 마케팅에도 능동적으로 참여하기 때문이다. 하지만 소통에 문제가 생기면 이들은 악성 입소문을 내거나 불매운동에 앞장서는 경우도 있다. 이처럼 핵심고객들과의 소통이 마케팅의 성패를 좌우할 수 있다. 따라서 기업은 이들에게 적절한 정보를 제대로 제공하고, 또 요구 사항들을 세심하게 살펴서 응대해야 한다.

세상에는 이야깃거리가 너무 많고, 관점 또한 다양하며, 설명할 것도 산더미 같다. 최적의 소통 전략이 더욱 절실해지는 이유다. 『마케터는 잘못이 없다』에서 이동훈과 김세환은 최고의 소통을 위한 세 가지 원칙을 제시한다. 첫째, 가치를 담아야 한다. 고객들은 기업의 신념과 가치에 매료되기 때문이다. 둘째, 진정성을 통해 조직의 자신감을 보여줄 수 있는 소통이어야 한다. 상대방에게 확신을 주는 동력은 진정성에서 나오기 때문이다. 셋째, 소통에서 드러내는 가치와 신념은 조직구성원들이 옹호하는 것이어야 한다. 그들이야말로 가장 강력한 인플루언서이면서 동시에 옹호자이기 때문이다.

소통의 영어 표현인 커뮤니케이션은 커뮨commune에서 나왔다. '친하게 사귄다'는 뜻이다. 그러려면 상대방과의 심리적 장벽을 없애고 공감해야 한다. 하지만 기업이 고객과 '본질적 가치'를 공유하려는 마케팅 본연의 사명을 망각하고 그저 '친하게만 지내는 것'은 소통과 무관한 일이다. 이렇듯 소통의 본질은 정체성의 확인이다. 따라서 기업은 정체성의 요점과 핵심을 잘 잡아서 진정성 있게 소통해야 한다.

이제 기업의 소통 노력은 더 이상 마케팅부서만의 일이 아니다. 요즘 들어 기업의 CEO들은 트위터, 인스타그램, 페이스북 등에서 많은 말을 쏟아내고 있다. 당연히 기업의 모든 이해관계자가 그들의 입을 주시한다. CEO들이 모두가 멋지고 훌륭한 말들로 소통하는 것은 아니다. 어떤 경우는 홍보책임자들의 넋을 빼앗는 매우 위험하고 부정적 충격을 주는 발언도 나온다. 그들은 "정말이지, 당장 달려가서 스마트폰을 뺏어버리고 싶었다."라고 안타까운 심정을 표현하기도 한다.

CEO의 소통은 경영의 중요한 요소다. 그들의 소통 능력이 사업의 성공을 보장하는 것은 아니지만, 구성원들의 사기를 높이고 고객들에게 긍정적인 임팩트를 주는 것만은 확실하다. 따라서 CEO는 분명하고 설득력 있게 소통하는 방법을 알고 있어야 한다. 하지만 가장 중요한 것은 바로 CEO 자신이다. 최고의 소통 전문가로 평가받는 CEO들은 본인 스스로가 최고의 소통 플랫폼 역할을 한다. CEO는 말이 아니라 '자신의 삶'으로 소통하기 때문이다.

오늘날 정보 과잉의 시대에는 무엇도 관심 있게 듣거나 보려고 하지 않는다. 더구나 진실과 가짜 진실, 즉 거짓을 구별하기도 매우 어렵다. 불행하게도 불통과 불신이 만연하다. 그래서인가.

지금 대선 정국에서는 헛말은 물론이고 거친 비방과 막말과 욕설까지도 난무한다. 하지만 국가를 경영하려면 최소한 '소통의 기본'은 갖추어야 한다.

영국의 철학자 버나드 윌리엄스가 밝혔던 '진실'의 핵심 미덕인 진정성과 정확성은 '소통의 기본'이 되기도 한다.

(2021.10.11.)

경영의 창으로 본 세상

06

고객참여시대의 '슈머' 마케팅

배우 윤여정이 제93회 아카데미상 여우조연상을 수상하며 큰 화제를 모았다. 한국 배우로는 최초, 아시아계 배우로는 일본에서 미국으로 귀화한 우메키 미요시에 이어 두 번째로 오스카상을 수상했다. 특유의 인간적 매력과 훌륭한 연기가 우리 국민은 물론이고 세계 관객들을 사로잡았다. 윤여정의 솔직하고 위트 있는 개성과 권위를 벗어난 쿨cool한 모습에 많은 젊은이, 특히 MZ세대가 열광했다.

MZ세대는 바로 윗세대인 4050세대보다는 7080세대를 '다가가고 싶은 어른'으로 여긴다. 할매 · 할배들을 젊은 층과 공감하는 세대로 인식하고, 그들의 감성과 유행에 호감을 가지며 적극 동조한다. 그들의 패션과 그들이 등장하는 광고를 좋아한다. 이처럼 MZ세대는 사회 이슈와 세대 특성에 민감하게 반응하며 동시에 나만의 스타일을 추구한다. 이들은 '소비'만 하는 존재가 아니다. 특정 상품을 개발하거나 생산하는 과정은 물론이고 마케팅에도 활발히 참여하고 싶어 한다.

MZ세대가 소비시장을 주도하기 시작했다. 그 결과 젊은 소비자들의 제안을 수용하여 신제품을 개발하거나, 마케팅 전반에 걸쳐 다양한 참여를 권유하는 사례가 크게 늘어나고 있다. 참여자들이 상품이나 점포에 대한 정보를 직접 올리거나 공유할 수 있도록 플랫폼을 제공하기도 한다. 참여자들은 상품에 멋진 스토리를 입혀주기도 한다. 이처럼 기업들은 소비자들의 참여를 적극적으로 유도해서 충성도를 강화하고 SNS를 통한 홍보 효과도 얻는다. 기업은 고객과 잘 소통한다는 긍정적 이미지도 얻게 된다.

소비자 참여와 관련하여 '슈머' 마케팅 ~sumer Marketing이 유행이다. 프로슈머 prosumer, 크리슈머 cresumer, 애드슈머 adsumer를 비롯해, 그린슈머 greensumer, 리뷰슈머 reviewsumer 등 소비자 consumer가 참여하는 내용에 따라 다양한 용어가 등장했다. 기업 중심이 아니라 소비자 관점과 소비자의 자발적 참여를 통해 소비자와 함께 마케팅 활동을 전개한다. 공동창조 co-creation와 참여 engagement가 핵심이다.

앨빈 토플러가 『제3의 물결』에서 처음 사용한 프로슈머는 생산자 producer와 소비자 consumer의 합성어다. 소비자가 제품의 개발 및 생산에 직접 참여한다는 의미다. 프로슈머는 제품개발의 조력자이며 동시에 기업의 홍보와 마케터의 역할도 수행하여 긍정적 입소문과 브랜드 이미지 강화에 큰 도움을 준다. 제품의 제작과 기획에 직접 참여하기도 한다. 패션브랜드 '어스 US by StyleShare'는 "Made for US, Made with US"라는 캐치프레이즈로 제품기획부터 홍보에 이르는 전 단계에서 사용자의 참여를 적극적으로 반영한다.

프로슈머에서 한 단계 더 진보한 크리슈머는 '창조적 소비자 creative consumer'다. 이들은 IT 환경 속에서 자신들의 실제 경험을 바탕으로 상품을 만들거나 특정상품에 덧붙일 만한 가치적 속성을 만든다. 2004년 파산 위기에 직면했던 레고는 고객과의 공동창조 작업으로 위기에서 벗어났다. 2005년에 인터넷 기반의 공동창조 플랫폼인 'Design By Me'를 개설했고, 2008년부터는 다수의 고객을 제품개발에 참여시켜, 그들이 의견을 수집하고 그중 괜찮은 아이디어를 선별해 상품으로 출시하는 'Lego Ideas' 서비스를 하고 있다. 레고는 공동창조를 완벽하게 이해했고, 기업 시스템에 그러한 문화를 철저히 흡수한 덕분에 회생했다.

광고계에서도 프로슈머의 열풍이 불어 소비자가 직접 광고의 제작과정에 참여해 의견을 제안하는 애드슈머 adsumer가 등장했다. 소비자 참여형 광고 메시지는 신선하면서도 거부감 없이 받아들여져 기업에 대한 호감도를 높인다. 애드슈머를 광고 모델에 기용하는 사례도 늘고 있다. 최근 '링티'의 광고에서는 일반인들이 광고 모델로 등장해서 상품의 가치를 생동감 있게 전달한다. 캐주얼 의류브랜드 '에잇세컨즈'는 MZ세대와의 진정한 소통을 위해 '소비자 모델 콘테스트'를 실시해오고 있다.

소비자들의 참여를 유도하고 장려하면 기업의 마케팅 파워가 커진다. 소비자들의 참여로 브랜드에 대한 애착과 충성도를 높이고, 나아가 브랜드를 키운다는 자부심과 성취감까지 제공하기 때문이다. 하지만 최근 네이버가 조기 종료해서 논란이 된 '블로그 오늘일기'에서 보듯이 진정성이 모자란 고객참여 이벤트는 역풍을 맞는다. 무엇보다 상호 존중을 바탕으로 한 협력의 자세가 최우선이다. 또 참여고객들에게 자유롭고 즐거운 놀이터 같은 활동 여건을 마련해 주어야 한다. 참여가 제품의 가치를 높이며, 적절히 보상된다는 믿음도 주어야 한다. '슈머' 마케팅은 참여고객들이 재미와 즐거움, 그리고 행복을 느낄 때만 의미 있는 결과를 낳는다.

마케팅은 언제나 '고객의 행복'을 위한 것이다.

(2021.05.10.)

경영의 창으로 본 세상

07

'온라이프(onlife)' 시대의 마케팅

랜선LAN線 송년회가 인기다. 코로나19의 재확산으로 IT 기업들의 재택근무 직원들이 연말 회식을 온라인으로 열고 있다. 각자 원하는 장소에서 자유롭게 메뉴를 주문하여 먹으며 온라인으로 연결된 동료들과 일상의 안부와 덕담을 나누는 것이다. 대학가에서는 랜선 기업탐방 프로그램이 유행이다. 취업을 준비하는 대학생들이 온라인에 접속해 실제 근무지 모습을 가상 체험하고 기업의 인사담당자와 인터뷰도 한다. 워크숍이나 축제, 각종 공연도 온라인으로 이뤄지고, 랜선 집들이, 랜선 회초리질, 랜선 애국이라는 말까지도 유행이다.

지난 2월 중국 저장성 항저우에서는 하루 5만 명의 코로나19

확진자가 나오자 모든 상점이 문을 닫았다. 그런데 알리바바 그룹에 속한 인타임 백화점에서는 재택 중인 직원이 점포폐쇄 하루 만에 라이브방송(라방)을 시작했다. 3개월 후 백화점 매출은 전년 동기 수준을 회복했고, 7월에는 매장 직원 5,000명이 라방에 참여하여 하루 평균 200회 방송을 진행했다. 라방은 온라인에서 직원이 짧은 영상으로 소비자와 소통하며 판매하는 방식이다. 방송을 보다가 제품을 사기로 결정하면 즉시배송으로 상품을 보내준다. 방송이 끝나기도 전에 상품을 받았다는 후기가 있을 정도로 신속하다.

인타임의 '백화점 라방'은 창업자 마윈이 주창한 '신유통' 방식이다. 전통 백화점이 디지털 변혁을 미리 잘 준비하고 실행한 사례다. 인타임의 첸샤오둥 대표는 백화점의 디지털화는 더 이상 선택이 아니라 필수라고 강조했다. 아마존은 4년 전 세계 최초의 무인 슈퍼마켓 '아마존 고 Amazon Go'라는 오프라인 매장을 개설하여 고객들에게 새로운 쇼핑 경험을 제공하고 있다. 또 온라인과 오프라인 쇼핑을 완벽하게 결합해주는 '보물 트럭 Treasure Truck'도 운영하고 있다. 이렇듯 소매유통에서 온라인과 오프라인의 경계는 불분명하다.

일상에서도 온라인과 오프라인의 삶의 차이가 점점 희미해져 두 영역의 경계가 무의미해지면서 긴밀하게 결합하고 있다. 이처럼 물리적 존재와 가상의 존재가 융합된 상태를 옥스퍼드대 루치

아노 플로리디 교수는 '온라이프onlife'라고 명명했다. 미래학자 바이난트 용건도 『온라인쇼핑의 종말』에서 디지털화로 달라지는 사람들의 행동 양식을 '온라이프화'라고 설명한다. 우리 사회에서도 '온라이프'는 이미 낯익은 현상이 되었고, 스마트폰은 '온라이프화'를 정착시킨 일등 공신이다. SNS를 통한 사회적 관계 유지뿐만 아니라 소비나 금융거래 등 경제활동과 문화활동에서도 '온라이프'가 우리 삶에 깊숙이 뿌리 내려져 있다.

마케팅의 태두인 필립 코틀러 교수는 『마켓4.0』에서 디지털 혁명으로 우리는 초연결되고, 초지능화된 사회에 살고 있다고 강조하였다. 그 결과 거래 환경이 수직적·배타적·개별적에서 수평적·포용적·사회적으로 변화하였다고 주장한다. 종전의 일방적 광고나 프로모션보다는 친구, 가족, 팬, 팔로워에 의존하는 수평적 문화로 나아가고 있다. 또, 소셜미디어가 지리적·인구학적 장벽을 허물어서 사람들이 서로 연결되고, 소통하고, 기업들이 협업을 통해 혁신을 할 수 있는 포용적 환경으로 바뀌었다. 고객들의 구매 절차도 보다 사회적으로 변하고 있다. 고객은 자신이 속한 사회적 집단에서 나오는 소리에 더 많이 주목하며, 온·오프라인 모두에서 조언과 평가를 구한다는 것이다. 또 고객들은 제품·서비스 생산과 유통과정에도 적극적으로 참여한다.

'온라이프' 시대의 고객들은 온라인, 오프라인, 모바일 등 다양한 경로를 자유롭게 넘나들며 제품과 서비스를 구매한다. 나아가 다양한 방식을 활용하여 일하며, 사고와 실천을 통합하고, 심지어 일과 놀이도 함께한다. 소위 '옴니형 인간'이 된 것이다. 라틴어 '옴니 omni'란 '모든 것, 모든 방식'을 뜻하는 접두사다. '옴니'는 역설적인 것까지도 통합하는 개념이다. 그래서 선진 유통기업들은 이미 옴니채널 omni-channel을 적극적으로 활용하고 있다. 또한 전통적 마케팅을 비롯한 다양한 마케팅 방식을 도입하여 고객참여, 소통, 맞춤형 커뮤니케이션을 실시한다.

'온라이프' 시대 마케팅은 소비자에게 좋은 쇼핑 경험과 좋은 가치를 제공하는 것이 가장 중요하다. 난양기술대 후이 덴 후안 교수가 강조한대로 '가성비價性比' 뿐만 아니라 '가심비價心比'까지도 고려해야 한다. 소비자들이 비금전적 가치들을 더 중시할 수 있기 때문이다. 또 고객의 니즈에 실시간적으로 부응해야 한다. 이를 위해 빅데이터, 인공지능, 플랫폼의 기회 공간을 적극적으로 활용할 수 있어야 한다. 더불어 협력, 환경, 공감, 공유, 책임의 사회적 가치를 강화하는 것도 중요하다.

디지털 혁명의 물결 속에서는 마케팅의 변화를 위한 새로운 사고와 '옴니적 실행'이 절실하다. "어제의 성공방정식만 믿고 있는 사람은 내일의 패배자가 된다." 앤디비아의 CEO 젠슨 황의 말이다. (2020.12.07.)

경영의 창으로 본 세상

08

'초현실' 시대의 마케팅

최근 TV 광고에서 현란한 춤 솜씨를 자랑하며 완벽한 외모로 매력을 발산하는 광고모델이 등장했다. 시청자들은 그가 누구인지 매우 궁금하게 여겼는데, 놀랍게도 '로지 Rozy'라는 이름의 가상인간으로 밝혀졌다. 지난 1일 출범한 신한라이프가 '라이프에 놀라움을 더하다'라는 브랜드 슬로건을 걸고 실시한 TV와 SNS 광고캠페인에 버추얼 모델로 등장한 '로지'를 본 많은 이들이 그녀를 진짜 사람으로 착각했다.

이렇듯 가상 및 증강현실 기술의 급속한 발전은 우리가 보고, 듣고, 느끼는 대상의 어디까지가 실제 모습인지를 확신하기 어렵게 한다. 그러나 MZ세대에게는 현실과 가상세계의 구분 자체가 무의미할 정도로 자연스럽게 이어져 있다. 이들에게는 '초현실' 세계가 매우 자유롭고 익숙하다. '메타버스'라는 3차원의 가상세계에서 현실 세계의 일들은 물론이고, 현실 세계에서는 어려운 일들까지도 능숙하게 처리한다. '초월적'이란 뜻의 '메타 meta'와 우주를 의미하는 '유니버스 universe'의 합성어인 '메타버스'가 급속도로 확산되면서, '또 하나의 현실 세계'가 되어 가고 있다.

'메타버스'에서는 게임과 공연 등을 즐기고, 친구를 사귀면서 실시간 의사소통을 하며, 신입사원 연수와 제품 시연도 한다. MZ세대를 비롯해 많은 사람이 이곳에 모이는 이유는 사회, 경제, 문화 등 다양한 활동을 현실에서와 같이 자유롭게 할 수 있기 때문이다. '메타버스'의 시장규모가 2030년까지 현재의 10배 이상 크게 성장할 것으로 예상되면서 고객과의 접점과 연결성이 중요한 기업에게는 새로운 기회의 땅이 되고 있다. 이곳에서 고객들에게 다양한 경험을 제공하고, 고객들의 참여를 적극적으로 유도하여, 현실 마케팅으로 연결시킬 수 있다고 믿기 때문이다.

'메타버스'가 아니더라도 기업들은 이미 디지털 미디어와 인공지능 기술을 마케팅에 적극 활용해 왔다. 마케팅 역사상 가장 중요한 게임 체인저인 '연결성' 확보에 도움이 되기 때문이다. 마케터들은 스마트폰 앱으로 제품과 서비스의 마케팅은 물론이고, 고객과의 원활한 상호작용으로 편의와 즐거움을 제공하고 있다. 10여 년 전부터 스마트폰을 매개로 적극 활용해온 '솔로모 SoLoMo'가 그것이다. '솔로모'란 소셜 Social, 위치 Location, 모바일 Mobile의 앞글자를 결합한 합성어다.

성공적인 모바일 앱들은 거의 '솔로모'의 특성을 지닌다. 대부분이 협업과 공유기능(소셜), 지역기반기능(로컬), 이동능력(모바일)을 보유하고 있다. 예컨대, '나이키플러스 런 클럽'이나 '삼성헬스' 등은 이 모든 요소를 가진 앱이다. 고객은 자신의 달리기 데이터(로컬)를 추적하고, 이동 중 지도(모바일)를 내려받을 수 있으며, 소셜미디어에 달리기 자료와 함께 달리는 자료를 올려 친구들과 경쟁(소셜)할 수도 있다.

고객들은 '메타버스'와 '솔로모'와 같은 혁신적인 기술 환경에서 더 이상 기업이나 브랜드가 전달하려는 마케팅 메시지를 수동적으로 수용하는 존재가 아니다. 그들은 기업이 제공하는 상품과 서비스에 대해 자발적으로 이야기하고, 능동적으로 관여하며, 기업의 여러 활동에 적극적으로 참여한다. 소비자들은 매우 영리하고 까다로워졌다. 시장에는 마치 다른 세상에 사는 것처럼 보이는 여러 유형의 소비자들이 공존하고 있다. 이와 더불어 마케터에게는 부의 양극화나 디지털 격차 등 고려해야 할 난제들이 숱하다.

이제 기업은 종전과는 확연히 다른 마케팅을 고민하고 실행해야 한다. 우선, 전통적 마케팅과 디지털 마케팅을 통합하는 O2O(온·오프라인 결합) 환경을 조성하는 것이 최우선이다. 온라인과 오프라인 시스템을 매끄럽게 연결해서 고객과 기업 사이의 상호작용이 쉽게 이루어지게 하고, 고객의 참여와 신뢰를 높여서 고객로열티를 강화해 나가야 한다. 고객과 브랜드 간 그리고 고객 상호 간의 강력한 유대감을 구축하는 것이 차별화의 핵심이다.

'메타버스'에서는 고객과 수평적인 관계를 유지하며 기업과 브랜드를 친구이자 동료로 인식하는 '인간 중심적' 마케팅을 요구한다. 이를 위해 소비자들과 감성적인 관계를 유지하고, 개인화된 연결고리를 만들고, 다른 사람들과의 경험을 공유하는 것이 긴요하다. 마케팅 학계의 구루인 필립 코틀러도 『마켓5.0』에서 인공지능AI과 빅데이터 등이 기업의 마케팅을 크게 변화시킬 것이나, 데이터를 기반으로 하는 '인간중심 마케팅'이 필수라고 주장했다. '초현실' 환경에서도 마케팅의 중점은 역시 '사람'이다. 이것은 차세대 기술을 최대한 활용하여 개인화된 고객경험을 창조하여 제공함으로써 '인간다움humanity'을 실천하는 일이다.

가상인간을 진짜 사람인 줄 착각하는 '초현실' 세상에서도 '사람다움'이 경쟁우위의 본질이다. 마케팅은 언제나 '살아있는' 사람의 행복을 위한 것이기 때문이다.

(2021.07.19.)

경영의 창으로 본 세상

09

고객들의 셈법: 곱셈의 법칙

경제성장률, 무역수지, 취업률, 출산율, 국정수행지지도, 국가인권지수 등은 모든 국민이 큰 관심을 가지고 지켜보는 국가건강도의 지표들이다. 요즈음은 코로나19 확진자 수도 매일 확인한다. 개인적으로는 월 평균소득액, 예금통장잔고, 신용카드를 비롯한 각종 비밀번호, 가족 구성원의 기념일이 긴요하다. 주식시장의 지수들이나 부동산 관련 세율도 중요하다. 이 모든 것들은 숫자로 표시된다. 그래서 우리네 삶이란 숫자에 둘러싸여 살아가는 모양새다.

대부분의 숫자는 크고 작음에 따라 의미를 지니지만, 비밀번호나 차량번호와 같은 숫자들은 단지 식별을 위한 수단에 불과하다. 특정 숫자가 상징적 의미를 나타내는 경우도 있다. 숫자의 상징성을 가장 두드러지게 표현한 민족은 아마도 히브리인들일 것이다. 이들은 1에서 시작하여 144,000 이내에 있는 몇몇 숫자들에 고유하고 함축적인 뜻을 부여했다. 예컨대 7은 완전수며, 12는 신적 권위나 하나님을 나타낸다는 식이다. 그래서 서양인들은 7이란 숫자를 좋아하는지도 모르겠다. 중국인들은 엽전의 둥근 모양(O)을 겹친 8자와 장수를 뜻하는 9를 좋아한다. 한국 사람들도 7을 좋아하지만, 전통적으로 우리 민족은 3을 선호하고 4를 꺼린다.

마케팅에도 숫자가 많이 활용된다. 숫자는 누구나 공감할 수 있고 또 어떤 숫자는 쉽게 기억할 수 있어 상품을 판매하는데 큰 효력을 발휘한다. 소위 숫자 마케팅이다. 우리나라에서 숫자 마케팅의 첫 시도는 아마도 삼천리자전거일 것이다. 최초의 국산 자전거로써 숫자 3,000을 써서 '삼천리 방방곡곡' 모든 길 위를 달린다는 이미지를 소비자들에게 심어 주었다. 이처럼 숫자 마케팅은 숫자를 통해 소비자의 주의나 호감, 또는 착시를 이끌어내 매출을 올리려는 방식이다. 가격을 29,900원 등과 같이 설정해서 소비자의 주머니가 쉬이 열리도록 하는 것이 대표적인 예다.

1983년부터 시작된 빼빼로데이(11월 11일)는 숫자 1을 닮은 가늘고 길쭉한 과자 모양처럼 날씬해지자는 뜻을 담은 선물 이벤트에서 착안한 제과회사의 상술이다. 11번가도 매월 11일을 '11번가 데이'로 지정하여 대대적인 이벤트를 실시하고 있다. 최근에는 경쟁사인 위메프가 '11데이'라는 이름으로 할인행사를 하여 상표권을 침해했다고 거액의 손해배상 소송을 제기했다. 도미노피자의 수신자 부담 전화번호는 1577-3082다. 어떤 주문도 30분 이내에 빨리(82) 배달하겠다는 회사의 차별화 정책을 숫자로 나타낸 것이다.

이처럼 숫자 마케팅은 고객들에게 단시간에 인지도와 호기심을 높이고 상품의 컨셉을 명확하게 전달하는 장점이 있다. 그러나 숫자가 곧 마케팅은 아니다. 고객들에게 숫자로 전달하고자 하는 상품의 정체성이 갖춰져야 하고 차별적 마케팅 전략이 제대로 실행되어야 하기 때문이다. 마케팅은 고객만족이 목표며, 고객과의 장기적이고 진정성 있는 관계를 구축하고 유지해 나가는 일이다. 따라서 다양한 성향의 고객에게 최상의 사랑을 실천해야 한다. 그 결과는 제품만족도나 기업이미지에 대한 고객의 평가로 나타난다.

'진실의 순간MOT; moment of truth'이란 개념이 있다. 소비자가 서비스 제공자와 접촉하는 극히 짧은 여러 순간이 궁극적으로는 브랜드와 기업에 대한 만족과 평가를 결정한다는 것이다. 그래서 MOT를 '결정적 순간'이라고도 부른다. 스웨덴의 마케팅 전문가인 리처드 노만이 처음 사용했고, 스칸디나비아항공SAS의 얀 칼슨 사장이 1987년 동명의 책을 펴내면서 널리 알려졌다. 여기서 중요한 점은 최종만족도가 개별 MOT의 산술 평균 즉 덧셈의 법칙에 따르지 않고, 기하 평균 즉 곱셈의 법칙에 따라 평가된다는 것이다. 극단적인 예로 열한 번의 접점MOT에서 열 번은 100점이지만 단 한 번이 0점으로 평가되면 만족도는 0점이 된다. 열 번 잘해도 한 번 잘 못하면 끝이라는 뜻이다.

제품만족도를 비롯하여 고객애호도, 고객충성도, 기업이미지 등은 본질상 숫자로 표현하기 어려운 개념들이다. 소비자들은 늘 의지하고 신뢰할 가이드로서의 마케터를 찾는다. 따라서 숫자보다 마케터의 인간다운 기술과 능력이 더욱 중요하다. 의사소통 능력, 경청과 공감 능력, 문제해결 능력, 협업 능력과 함께 무엇보다도 고객을 존중하고 배려하는 태도가 필수적이다.

'내가 대접받고자 하는 대로 상대방을 대접하라.'는 황금률이 있다. 이 잣대는 매우 주관적이어서 다양한 고객들을 대하는 기준으로는 부족하다. 그래서 밀턴 베넷은 1979년 『황금률을 넘어서』라는 논문에서 '상대방이 받고자 하는 대접을 예측하여 제공하라'는 백금률platinum rule을 제안하였다. 황금률이든 백금률이든, 마케터가 고객의 마음을 얻기란 참으로 어렵다. 그러나 바로 그 "어려움 속에 기회가 있다." 앨버트 아인슈타인의 말이다.

(2020.07.20.)

경영의 창으로 본 세상

10

무형경제 시대의 스포츠 마케팅

코로나19가 장기화되면서 많은 국민들이 무력감과 우울·불안 증세를 경험하며 힘들어 하는 중에 신선한 소식이 들려왔다. 지난 달 초순 카카오 창업자인 김범수 이사회 의장이 "앞으로 살아가는 동안 재산의 절반 이상을 사회문제의 해결에 기부하겠다."고 밝혔다. 수조 원 단위의 개인 재산을 기부 약속한 것이다. 이어서 열흘 뒤 국내 배달 앱 1위인 '배달의 민족' 창업자인 김봉진 의장도 "자신과 아내가 죽기 전까지 재산의 절반 이상을 사회에 환원한다."고 서약했다. 그 규모는 5천억 원 이상이라고 한다.

두 기부자의 기부 금액도 거액이라 놀랍지만, 기업을 본격적으로 운영한 지 겨우 10년 남짓한데도 그들의 재산 규모는 상상을 초월한다. 실제로 국내 플랫폼 산업은 짧은 기간에 획기적인 성장을 했다. 이미 카카오의 시가총액이 POSCO를 앞섰고, 네이버의 시가총액은 현대차와 거의 같은 수준에 도달했다고 한다. 치열한 글로벌 경쟁으로 제조업의 성장과 수익은 크게 위협받았으나, 각종 디지털 데이터, 전자상거래, 서비스 산업 및 바이오 등 무형산업은 비약적인 발전을 이루었다. 소위 무형경제 시대가 열린 것이다.

유형경제 사회를 무형경제 사회로 바꾸어 놓은 것은 인터넷이 주도한 거대한 네트워크 메커니즘이다. 1990년대 이후 스마트폰과 SNS 등 IT 업종 내 각종 신기술 및 신산업의 부상으로 무형자산의 비중이 큰 기업들의 가치가 폭발적으로 증가하며 산업계 주류로 자리매김한 것이다. 이미 미국에서는 2018년 S&P500기업의 시가총액 1~5위를 인터넷 및 소프트웨어 기업 MAGA(마이크로소프트, 애플, 구글, 아마존)와 페이스북이 차지했다. 이들은 종전의 GE, 액손모빌, 코카콜라, 시티은행, 월마트 등 전통적 기업과 금융기관을 완전히 대체했다. 창조와 붕괴를 동시에 발생시키는 '빅뱅와해Big Bang Disruption'의 결과다.

유통산업에서도 예외 없이 무형경제가 작동되고 있다. 이미 시장의 중심축이 오프라인에서 온라인으로 급속히 이동했고 오프라인 유통기업도 전자상거래에 투자를 집중하고 있다. 이런 와중에 우리나라 오프라인 유통의 대표 격인 신세계가 SK와이번스 야구단을 인수한 것은 매우 이례적인 일로 여겨지고 있다. 신세계는 지난주 SK와이번스 야구단을 1,000억 원에 인수하면서 메이저리그에서 16년간 활약했던 추신수 선수까지 영입했다. 10년 전 정용진 부회장이 "유통업의 경쟁상대는 테마파크나 야구장"이라고 선언했듯이, 신세계의 야구장은 온·오프라인 시너지 효과를 극대화하는 방향으로 나아갈 것이라고 한다.

우리나라의 스포츠 마케팅은 구단 모기업의 마케팅을 지원하는 성격이 강하다. 어떤 종목에서도 스포츠 구단이 수익을 창출하여 독립적 재정 능력을 갖춘 경우는 찾아보기 어렵다. 지난해는 코로나19로 주 수입원인 입장권 판매가 급감하면서 재정을 오롯이 구단주의 지원에 의존해야 했다. 그래서 신세계가 프로야구 구단을 어떻게 운영할 것인지 매우 흥미롭다. 신세계는 "야구장을 찾는 팬들에게 즐거움과 함께 신세계의 새로운 쇼핑문화를 접목해 신세계의 팬이 될 수 있을 것으로 판단"하고 있다. 스포츠팬을 고객으로 모신다는 전략이다. 나아가 야구장을 체험형 복합테마파크에 입점시키는 역발상을 보여줄 것이라는 전망도 있다. "신세계그룹이 가진 모든 사업역량을 동원해서 세상에 없던 테마파크를 지을 것"이라는 비전대로라면 충분히 가능할 것으로 보인다. 스포츠,

쇼핑, 레저를 통해 구매와 여가를 즐기며 스트레스를 맘껏 풀 수 있는 혁신적인 유통업태가 곧 등장할지도 모를 일이다.

우리 시대를 대표하는 사회사상가 지그문트 바우만은 20세기 후반부터 서구사회가 '고체 현대'에서 '액체 현대'로 변화했다고 주장한다. 이것은 비단 서구사회에 국한된 것이 아닌 전 세계적 현상이다. 종전의 계획적이고 합리적이고 안정적이고 예측 가능한 사회에서, 우연적이고 불확실하고 끊임없이 변화하고 예측할 수 없는 사회로 변모했다는 것이다. 이렇듯 우리 모두가 고정된 것이라고는 도무지 없는 '액체 사회'에 살고 있다. 그래서 21세기에서는 모든 것이 물처럼 흐르며 쉼 없이 변한다. 당연히 유통기업들도 무형경제가 더욱 확대되는 '액체 사회' 속에서 살아남을 길을 모색해야 한다.

'액체 사회'에서 스포츠 마케팅은 어떻게 변할까. 신세계는 프로야구를 어떤 모습으로 바꿀까. 분명한 것은 신개념의 스포츠 마케팅에서도 고객지향적 마인드를 기반으로 차별적인 고객가치를 창출해 나가야 한다는 점이다. 동시에 새로운 고객가치를 도출하기 위해 비즈니스 콘셉트를 어떻게 규정할 것인가도 심각하게 고민해야 한다. 이달 20일부터 프로야구 시범경기가 열린다. 과연 2021년 시즌에는 프로야구가 어떤 모습으로 변화될지 매우 궁금해진다. (2021.03.01.)

경영의 창으로 본 세상

11

팬을 고객으로 바꾸는 스포츠 마케팅

드디어 야구장의 문이 열리고 진짜 프로야구가 시작되었다. 5월 5일 무관중으로 시즌을 개막한 지 약 12주 만이다. 그 동안 코로나19로 사회적 거리 두기가 일상화되면서 국내 4대 프로스포츠 가운데 농구와 배구는 시즌을 조기 종료했으며 야구와 축구는 관중 유입이 금지되었다. 7월 26일부터 프로야구 경기에서는 관중석의 10% 이내 입장이 허용되지만, 좌석 배치나 응원 등에 여러 가지 제한 조건들이 있다. 그러나 직접 참관에 목말라하던 야구팬들에게는 이마저도 정말 반가운 소식이다. 25일부터 오픈된 구단 예매는 대부분 매진되었고, 잠실구장은 예매 시작 1시간 25분 만에 2,424석 전석이 완료되었다고 한다.

우리나라에서 가장 인기가 높은 프로스포츠는 역시 야구다. 그중에서도 자타가 인정하는 KBO리그 대표 인기 구단은 부산 롯데자이언츠다. 부산의 유별난 야구 사랑에 빗대어 야구의 도시 '구도부산'이란 말이 나오기도 했다. 부산에서는 '야구는 야구고, 다른 종목은 그냥 스포츠다.'라는 말이 있다. 야구 경기가 있는 날은 온통 야구 이야기뿐이다. 교회의 주일학교 교사들은 자이언츠의 유니폼을 입고 같은 복장을 한 어린이들과 어울려 지낸다. 10년 전에는 부산시가 전국 유일의 야구 조형물(배트, 글러브, 공)로 된 야구 등대를 칠암항에 세웠다.

대구도 둘째가라면 서러워할 야구의 고장이다. 국민타자 이승엽 선수를 비롯하여 우리나라를 대표하는 수많은 스타플레이어를 배출하였다. 1982년 프로야구 출범 이후 모기업과 팀명이 바뀌지 않은 구단은 10개 구단 가운데 삼성과 롯데밖에 없을 정도로 전통과 명성을 자랑한다. 삼성 라이온즈는 8번의 한국시리즈 우승과 4연속 통합우승을 달성한 야구의 명가다. 그러나 지난 4년간은 초라한 성적으로 팬들의 실망감이 컸다. 올해는 새로 태어난 사자 new lion가 되겠다는 다짐으로 열심히 노력하고 있어 가을야구가 기대된다.

프로야구가 이처럼 큰 인기를 누리는 이유는 무엇일까? 우선, 야구는 나이와 성별에 무관하게 누구나 다 함께 즐길 수 있는 스포츠다. 여기에다 생동감 넘치는 팀플레이, 강한 지역연고성, 경기 결과의 의외성이 크다. 무엇보다도 9회 말 짜릿한 역전 드라마를 꿈꿀 수 있는 반전의 매력이 있는 스포츠다. 뉴욕 양키스의 전설의 포수 요기 베라가 말한 대로 "끝날 때까지는 끝난 게 아니다."란 말은 인생 전체를 꿰뚫어 보는 듯한 명언이다. 의외성이 강한 야구 경기는 결과 예측력이 낮다. 이 의외성은 주로 선수들의 심리상태에서 기인한다. 그래서 '야구는 90%가 정신력'이라고 한다. 한국인 최초 메이저리거 박찬호 선수도 "나를 슬럼프에 빠지게 한 가장 큰 요인은 '안 된다'라고 생각하는 것이다."라고 했다.

야구가 관중들에게 큰 즐거움을 선사하려면 선수들이 멋진 경기를 펼쳐야 한다. 그리고 좋은 선수들을 갖출 충분한 재원이 뒷받침되어야 한다. 우리나라 프로야구구단의 가장 큰 수입원은 입장권 판매와 방송중계권료다. 여기에다 모기업의 재정 지원 의존도가 높다. 따라서 지금까지 제대로 된 스포츠 마케팅 활동을 찾아보기 어려웠다. 각 구단의 '스포츠 자체의 마케팅' 활동은 미미하거나 거의 전무하다. 단적인 예로 삼성라이온즈 몰을 둘러보면, 개인이 운영하는 웬만한 쇼핑몰보다 허술하다. 팬을 고객으로 제대로 모시지 못하고 있다.

'스포츠 서비스를 마케팅'하는 스포츠 마케팅은 관람, 참여, 정보, 상품 개발, 교육, 사회공헌 프로그램 등에서 고객들과 호의적 관계를 구축해야 한다. 다양한 마케팅 프로그램으로 야구 소비자들에게 적극적으로 다가가야 한다. 충성도와 수익 창출이 필요하기 때문이다. 2017년 메이저리그 구단 매출 2위인 LA다저스의 연 매출액은 약 6,000억 원으로, 같은 해 KBO리그 전체 매출액 약 5,200억 원을 넘었다. 메이저리그는 통합홈페이지를 운영하고, 공동으로 다양한 마케팅활동을 한다. 그러나 각 구단도 독자적으로 스포츠 마케팅을 활발히 펼친다. 우리나라의 구단들도 차별화된 마케팅전략으로 수준 높은 고객서비스를 제공하여 팬을 고객으로 바꾸어야 한다. 그래야만 구단의 안정적이고 높은 수입이 확보될 수 있다.

프랑스의 경제학자 필립 시모노는 현대의 인간을 '호모 스포르티부스 Homo Sportivus', 즉 '스포츠 하는 인간'으로 규정했다. 프로야구 경기장은 '스포츠 하는 인간'들이 열정과 감동 그리고 흥분을 쏟아내는 현장이다. 그래서 야구팬들은 기꺼이 시간과 돈을 들여 자신의 팀을 응원하기 위해 운동장으로 간다. 다른 어떤 방식으로도 운동장에서 얻는 즐거움과 놀람과 기쁨을 맛볼 수는 없기 때문이다.

올해는 삼대가 함께 라팍구장에서 뉴 라이온즈의 멋진 가을야구를 볼 수 있기를 소원한다.

(2020.08.03.)

경영의 창으로 본 세상

12

지구를 살리는 그린 마케팅

지난 4월 22일은 51주년 '지구의 날Earth Day'이었다. 이날 저녁 8시부터 10분간 전국 소등행사가 있었다. 1970년 미국에서 시작된 이 민간운동은 지구환경오염 문제의 심각성을 알리기 위해 제정되었다. 1972년에는 113개국 대표가 '지구는 하나'라는 주제로 스웨덴 스톡홀름에 모여 '인간환경선언'을 채택하며 세계적 운동이 되었다. 이처럼 지구적 환경오염의 심각성을 경고한 지 반세기가 지났지만 도무지 개선될 기미가 보이지 않는다.

많은 이들이 미세먼지 상태를 체크하며 하루를 시작한다. 자동차 배기가스에 산업체에서 배출하는 각종 유해 물질들, 중국에서 날아오는 황사와 매연으로 숨쉬기가 힘든 날이 많다. 강과 바다 그리고 땅에 마구잡이로 버려지는 쓰레기도 심각하다. 이 모든 오염은 고스란히 인간에게 치명적인 폐해로 되돌아온다. 여기에다 최근에는 일본이 원전 방사능 오염수를 방류하기로 결정해 주변국들이 크게 우려하고 있다.

특히 플라스틱 쓰레기 때문에 지구가 몸살을 앓고 있다. 2016년 세계경제포럼WEF은 '2050년엔 바다에 물고기보다 플라스틱이 더 많을 것'으로 추정했다. 세계 각국에서 플라스틱 규제가 강화되고 소비자의 인식도 크게 바뀌면서, 기업들도 다양한 '탈 플라스틱' 대책을 고민하고 있다. 미국에서는 '지구의 날'을 기점으로 일회용 플라스틱 생수병을 팔지 않는 슈퍼마켓도 등장했다.

우리나라에서도 일회용 PET 생수병에서 상표띠라벨label를 제거한 뒤 분리하여 수거하고 있다. 최근에는 생수병 대신 정수기로 바꾸어 쓰는 소비자도 늘어나고 있다. 이렇듯 환경에 대한 위기의식과 관심이 높아지면서 친환경을 표방하는 기업이 많아지고 있다. 친환경을 뜻하는 '그린Green'이란 단어는 이미 우리 생활 속에 정착되었다. '그린'이 인류의 생존과 건강한 소비를 위해 반드시 지켜져야 할 기본 가치로 이해되고 있다.

이에 따라 '그린' 관련 상품, 브랜드, 로고가 크게 늘어나고 있다. 그린 마케팅Green Marketing을 실시하고 있는 기업들도 많다. 그

가운데서도 유한킴벌리, 이니스프리, 풀무원 등이 선두 주자다. CJ제일제당은 3R Redesign, Recycle, Recover 전략을 통해 햇반 용기를 개선했고, 롯데칠성음료는 페트병 몸체에 라벨을 없앤 '무 라벨 생수' 제품을 출시하였다. 한국맥도날드도 대표 아이스크림 메뉴인 '맥플러리'의 플라스틱 뚜껑을 종이로 교체했다. 이처럼 인간과 환경 그리고 기업의 상호공존을 근간으로 하는 그린 마케팅이 기업경영의 핵심으로 인식되고 있다. 최근 새로운 경영트렌드가 된 ESG경영에서도 환경부문을 가장 중시한다.

하지만 그린 마케팅이 제대로 자리를 잡으려면 LG경제연구원의 보고서가 지적한 '5가지 유혹'에서 벗어나야 한다. 먼저, 환경에 대한 지나친 집착을 뜻하는 '그린홀릭 Greenholic'이다. 충분한 숙고도 없이 무턱대고 '그린 마케팅'을 밀어붙여서는 안 된다. 둘째, 화려한 겉모습만 꾸미는 '그린워싱 Greenwashing'은 금물이다. 셋째, '그린'을 통해 가격 프리미엄 Green Premium을 받을 수 있다는 환상을 주의해야 한다. 넷째, 고객들이 환경을 위해 어느 정도의 불편이나 희생을 당연히 감수할 것 Green Generosity이라는 기대를 버려야 한다. 또 '친환경'이나 '지구를 위한' 등의 식상한 표현 Green Sickness은 그린 마케팅의 차별성과 진정성을 의심하게 한다. 결국 실질적이고도 창의적인 친환경활동을 수행하는 기업만이 소비자의 선택을 받게 된다.

이제 그린 마케팅은 더 이상 생소한 개념이 아니다. 그린제품의 시장규모도 지난 20년 동안 20배나 성장한 것으로 추정된다. 하지만 시장에서 그린 제품의 성적은 여전히 초라하다. 아직도 '그린'만을 파는데 머물러서 고객이 요구하는 기본적 가치를 충족하지 못한 탓이다. 따라서 그린 소비자들의 삶의 질을 높이는 제품 가치를 창출하고, 소비자들을 그린 마케팅에 참여하게 함으로써 심리적 공감을 얻어내야 한다. 명확하고 정직한 소통으로 고객의 신뢰를 확보해야 한다. 또한, 고객이 언제 어디서나 손쉽게 제품에 접근할 수 있는 소비방식의 혁신도 급선무다.

"우리는 우리의 터전, 지구를 되살리기 위해 사업을 합니다." 글로벌 아웃도어 브랜드인 파타고니아의 사명선언문이다. "이 재킷을 사지 마세요. Don't buy this jacket."란 엉뚱한 광고카피로 전 세계인이 그들의 환경 철학에 주목하게 했다. 그들에게는 "우리가 직접 사용할 최고의 제품을 만들고, 우리가 사랑하는 자연을 지키는 것이 최우선"이라는 분명한 의식이 있다. 환경보호를 위한 꾸준한 실천이 소비자들의 마음을 사로잡아 큰 성공을 이룬 것이다.

미래 세대들에게 아름다운 지구를 물려주려는 정신이 바로 그린 마케팅의 참된 의미다.

(2021.04.26.)

경영의 창으로 본 세상

13

실버 마케팅은 존중과 섬김이다

영화 '노인을 위한 나라는 없다'에는 사이코패스 살인마가 중심에 등장한다. 2008년 코엔 형제가 감독한 이 영화는 다양한 해석과 많은 메시지를 던져주었다. 자신의 이익을 위해 뭐든지 하는 '힘 있는 자' 앞에서 평범한 소시민은 아무리 노력해도 헛수고일 뿐인 그야말로 상식이 통하지 않는 현 세태를 다루고 있다. 영화는 힘이 없는 노인을 위해 국가가 무엇을 해야 하는가를 말하고 있지는 않다. 다만 노인은 자신의 능력으로 세태의 변화를 감당해 내기 어려운 존재임을 보여주고 있다. 우리 사회에서도 많은 노인이 무능력의 틀에 갇혀서 세상과 젊은이들에게 경시되는 느낌이 강하다. 그러나 노인들은 오늘이 있기까지의 주역이며 따라서 마땅히 소중히 여김을 받아야 할 대상임이 분명하다.

지금까지 노인들의 건강이나 일자리 등은 정부가 복지정책 차원에서 책임져야 할 부문으로 여겨져 왔다. 그러나 이제는 민간기업이 노인비즈니스에 선도적으로 참여해야 할 때가 되었다. 구매력을 갖춘 실버세대가 매우 빠른 속도로 증가하고 있기 때문이다. 통계청 자료에 의하면 올해 65세 이상 인구는 768만 5천 명(전체 인구의 14.9%)에서 계속 늘어나 2050년에는 1,900만 7천 명(39.8%)이 된다고 한다. 또 우리나라 고령친화산업의 시장규모는 2002년 6.4조 원에서 2010년 31조 원, 2020년 72조 원으로 확대될 것으로 전망하고 있다. 실버소비자들이 소비의 주도권을 쥐게 된 시대가 왔다. 서울대 소비트렌드센터도 50~60세대의 역할이 소비시장에서 더욱 커질 것으로 예상하였다. 이를 반영하듯 최근 우리 고장에서는 시니어들을 대상으로 하는 독자적인 신문이 창간되기도 하였다.

향후 노인들을 위한 고령친화산업은 높은 성장 가능성과 함께 다양한 모습으로 등장할 것이다. MIT에이지랩의 창시자인 조지프 F. 코클린은 그의 저서 『장수경제 longevity economy』에서 고령화는 소비 형태에 여러 변화를 초래한다고 하였다. 그러므로 실버소비자들이 '하고자 하는 일'을 적확하게 이해해야 실버비즈니스가 대

참사를 피할 수 있다고 주장한다. 여기에 실버 마케팅의 역할이 중요하게 나타난다. 실버 마케팅에서는 실버소비자와 그들의 소비 특성에 대한 이해가 우선되어야 한다. 그런데 실버소비자의 소비 태도는 물론이고 이들에 대한 중장년층의 태도도 매우 빠르게 변화하고 있다. 한 예로써, 종전에는 실버소비자도 나이 지긋한 노인이 나오는 광고에는 눈길조차 주지 않았다. 그러나 최근에는 국내·외를 가리지 않고 멋지게 나이 든 노인 모델에 노년은 물론 젊은 층까지 환호하고 있다.

도브Dove는 96세의 아이린 싱클레어를 모델로 기용하여 '젊음만이 아름답다'라는 보편적 명제를 깨고 모든 계층의 소비자들로부터 공감대를 얻었다. 또한 전 세계 180개국에 진출해 있는 미국 화장품 커버걸Cover Girl은 브랜드를 대표하는 모델로 2017년 당시 69세의 메이 머스크를 선정했다. 우리나라 유통업계에서도 시니어 모델을 활용한 마케팅을 강화하고 있다. 근사하게 나이 먹는 노년이 젊은 층의 롤 모델로 부상한 것이다. 아웃도어 브랜드 밀레는 김칠두 씨(64), 코오롱스포츠는 배우 김혜자 씨(77), 캠브리지멤버스는 노주현 씨(73), 베스킨라빈스와 버거킹은 '사딸라 아저씨'로 유명한 배우 김영철 씨(66)를 모델로 광고하고 있다.

실버들의 소비 키워드로 신뢰(또는 라뽀르), 자존심, 안전, 체면, 편리성, 신중성 등을 들 수 있다. 실버세대가 가장 중요하게 여기는 것은 신뢰이다. 심리학적 용어인 라뽀르rapport, 즉 '상호 신뢰하며 감정적으로 친근감을 느끼는 인간관계'를 실버들은 중시한다. 신뢰는 누구에게나 중요하지만, 특히 실버소비자가 신뢰를 중시하는 정도는 젊은 층에 비해 훨씬 더 높다. 이들은 신뢰를 기반으로 거래를 지속하여 단골고객이 된다. 또 실버들은 남과의 비교 성향이 매우 강하다. 이들은 가격에 민감하며, 여유시간으로 정보수집이 왕성하고, 안전을 생각하여 신중하게 구매하는 합리적인 소비자들이다.

실버시장에 효과적으로 접근하기 위해서는 '탈 실버'가 요구된다. '노인식', '노인폰' 등은 실버세대를 약자나 무능력자로 보는 노인 차별로도 여겨진다. 누구나 젊어지려는 욕구가 있기 때문에 '실버만을 위한 것'이라는 노인 전용 개념에서 반드시 벗어나야 한다. 이들은 자신들을 '신 청춘'으로 여기는 동시에 어른으로서의 체면 유지를 바란다. 대개의 경우 실버소비자들은 젊은 층이 좋아하는 상품을 거부하지 않는다. 자신들에게 알맞다고 여기면 어떤 상품이나 서비스라도 자존감이 상하지 않는 방식으로 받아들인다. 이렇듯 실버 마케팅은 실버소비자를 잘 이해하는 것이 중요하다. 그러나 실버 마케팅의 기본은 실버소비자들을 존중하고 이들을 진정으로 섬기는 자세를 갖추는 일이다.

(2019.10.28.)

경영의 창으로 본 세상

14

코로나 이후의 치유 마케팅

그 사막에서 그는
너무도 외로워
때로는 뒷걸음질로 걸었다.
자기 앞에 찍힌 발자국을 보려고.

파리 지하철공사에서 공모한 시 콩쿠르에서 8천 편의 응모작 중 1등으로 당선된 《사막》이란 제목의 시다.

신종 코로나바이러스에 대처하기 위한 사회적 거리 두기가 가족 간 거리 두기로 이어지고 있다. 홀로 계신 부모님이나 멀리 떨어져 있는 자녀들과 만나기 어려워진 지금의 사회는 사막과 다름없다. 특히 홀로 지내는 사람은 육신의 건강이야 그럭저럭 유지할지 몰라도 텅 빈 마음은 사막보다도 더 삭막하다. 코로나19로 인한 신체적 질병 못지않게 우리 가운데 이미 만연된 마음의 병은 쉽게 보이지도 않고 치유되기도 어렵다. 또한 코로나에 감염되어 완치되고 나서도 정신적인 후유증을 호소하는 경우도 적지 않다고 한다.

마음의 병을 진단하고 치유하려면 무엇이 가장 우선되어야 할까. 『공감이 먼저다』라는 책을 펴낸 장정빈 원장은 "내가 느끼는 감정에 대해 알지 못하고 그것이 보내는 신호에 적절히 대처하지 못할 때 우리는 '마음의 병'을 앓게 된다."고 한다. 따라서 자신의 감정에 대해 제대로 알고 대처해야만 감정을 잘 다스릴 수가 있고 마음의 건강 상태를 유지하게 된다. 유연하지 않고, 따뜻하지 않으며, 사람의 마음을 알고 반응할 수 없는 사람은 이 시대에 경쟁력이 없다는 것이다. 미래학자 제러미 리프킨도 그의 저서 『공감의 시대』에서 인류의 역사는 공감 의식을 확대하는 방향으로 발전해왔다고 주장하였다.

마케팅에서도 소비자와의 공감이 강조되고 있다. 소비자의 마음을 읽는 것에 그치지 않고 소비자의 마음의 문제를 치유하는 마케팅을 요구한다. 고객의 소비패턴이 품질 중심에서 품격 중심으로 이행하게 되면서, 기업이 단지 가격을 낮추거나 품질을 높이는 것만으로는 충분한 경쟁력을 확보하기가 매우 어렵게 되었다. 그래서 소비문화의 본질과 트렌드를 철저히 이해하고 이를 바탕으로 마케팅전략을 계획하고 실행하는 것이 필수적이다.

코로나 이후의 소비문화 트렌드는 어떤 모습으로 바뀔까? 파이낸셜 타임즈의 칼럼니스트인 리처드 톰킨스는 "일류기업들이 시장에서 팔고 있는 것은 상품 자체보다는 차별화된 감성, 아이디어 그리고 신념"이라고 규정했다. 소비에서 이성보다는 감성, 물질보다는 마음과 정신이 중요하게 고려되고 있다. 소비자들의 가치인식이 합리적, 논리적, 이성적인 사고를 통한 판단에 근거하기보다, 감성적 · 문화적 차원에서의 구매의사결정이 지배하는 경향을 보이기 때문이다.

넥스트 그룹의 멜린다 데이비스에 의해 1996년부터 시작된 "인간욕망 프로젝트Human Desire Project"에서는 마케팅의 새로운 관점을 보여주고 있다. 그녀는 "진정한 차별화는 제품 자체에서가 아니라, 당신이 치료받고자 하는 고객을 어떻게 대하느냐에 달려있다. … 이것은 새로운 의무다. 마케팅 담당자는 이제 치료자가 되어야만 한다."라고 주장하였다. 새봄의 따뜻함을 알리는 부드러운 안개처럼 사랑과 치료가 마케팅의 중심이 되어야 한다는 말이다. 고객들이 절실히 필요로 하는 것은 '즉각적 대체상태', '더욱 풍부한 인간결속', '더 확고한 자아감', '나아갈 길에 대한 더욱 명확한 비전', 그리고 궁극적으로는 '더 큰 내면적 기쁨'이다. 이렇듯 우리는 외면이 아닌 내면적 자아에 집중된 자신을 중요시하는 시대를 살고 있다. 마케터가 고객을 형이상학적 차원의 보살핌을 필요로 하는 환자로 생각하고, 공감하며, 또 그들의 진정한 필요와 욕구를 더 잘 이해해야 하는 이유다.

오늘날 고객들은 새로운 기술이 아니라 오히려 쉽고도 단순한 기술이 만들어내는 신비한 체험을 원하며, 이를 통한 최적의 마음 상태를 성취하기 바란다. 멜린다 데이비스가 그의 저서 『욕망의 진화』에서 강조한 대로 소비자들은 정신적 안정과 만족을 주는 사람들과 결속하는 것을 원하고, 불확실한 세상을 헤쳐나갈 수 있는 보다 확실한 제안을 기대한다. 경영학의 대가인 윤석철 교수는 그의 책 『경영학의 진리체계』에서 고객의 필요와 아픔을 파악할 수 있는 경영자의 인식능력을 강조하였다. 위대한 제품을 만들어내는 원동력은 바로 고객의 마음을 헤아리며, 공감하며, 치유하는 데서 나오기 때문이다.

미국영화계에서 최고의 공감 기술자는 왕년의 명배우 게리 쿠퍼다. 그는 '설마', '정말로', '그건 처음 듣는 말인데'라는 공감하는 세 마디로 많은 사람의 마음을 끌었고, 주위의 사람들에게 행복감을 심어주었다고 한다. 프란시스코 교황도 "인생은 당신이 행복할 때 좋습니다. 그러나 더 좋은 것은 당신 때문에 다른 사람이 행복할 때입니다."라고 했다. 외롭거나 슬퍼하거나 고통당하는 이들에게 가장 필요한 것은 위로와 치유다. 행복한 사람들의 곁에는 늘 행복한 사람이 있다. 그가 치유의 마케터다. (2020.05.25.)

경영의 창으로 본 세상

15

눈의 시대, 콜라보와 데카르트

며칠 전, 대구현대미술가협회가 주최한 '대구현대미술2021전'을 다녀왔다. 대구문화예술회관 전관에 다양한 장르의 작품들이 전시되었다. 특히 미술에 음악을 접목한 '오케스트라 콜라보전'은 매우 신선하게 다가왔다. 오케스트라 단원 및 무용수와 작가가 1:1 매칭을 통해 음악과 악기 그리고 무용 동작을 표현한 '콜라보' 작품에서 융합의 하모니, 예술적 독창성과 진정성이 보였다.

'콜라보'란 컬래버레이션collaboration의 약자다. 우리말로는 협업이나 합작 또는 공동작업 등으로 표현될 수 있겠지만 통상 '콜라보'

라고 쓰인다. 마케팅에서의 '콜라보'는 이미 매우 흔한 일이다. 주로 유통업계와 식음료업계에서 왕성한 '콜라보'가 이뤄졌다. 최근 가장 성공적인 것은 아마도 CU와 대한제분이 협업으로 탄생시킨 '곰표 밀맥주'일 것이다. 대한제분의 마스코트인 곰을 그려 넣은 수제 맥주가 출시 일주일 만에 30만개가 완판되면서 큰 화제를 불렀다. 이후 '곰표 시리즈' 상품들이 쿠션팩트, 클렌징폼 등 화장품까지 영역을 넓혀가며 10종 이상 출시되었다. 지금은 '콜라보' 전성시대라고 할 정도로 영역과 경계를 허물며 전개되고 있다.

'콜라보'의 매력은 '의외성'과 '놀라움'이다. 새로운 것과 재미에 열광하는 MZ세대의 취향에 초점을 맞춘다. 그들은 가격대비 재미가 큰 '가잼비'를 중요하게 여긴다. 그래서인지 전혀 연결성이 없는 브랜드들이 브랜드 파워와 아이디어를 결합하여 소비자들을 공략하고 있다. 심지어 말표 구두약 통에 초콜릿을 넣어 판매하기도 했다. 참이슬 백팩, 죽떡먹 떡볶이, 슈프림 오레오, KFC 치킨 신발 등을 비롯해 음료와 문구류, 식료품과 화학약품, 주류와 디저트류, 제약업과 패션 브랜드의 협업까지 등장했다. 이에 대해 일각에서는 소비자의 혼란에 대한 우려도 제기된다.

마케팅에서 또 다른 유형의 '콜라보'는 아트 마케팅Art Marketing이다. 제품의 디자인이나 광고 등에 예술, 특히 명화를 이용하여 브랜드 이미지를 새로운 차원으로 승화시키는 감성 마케팅이다.

예술을 담은 디자인 상품을 선호하는 '아티젠Arty Generation'을 겨냥한다. 2000년대 중반부터는 기술technology에 예술art을 접목한 데카르트 마케팅Techart Marketing이 등장했다. 철학자이자 수학자인 '데카르트'와 발음이 비슷해서 데카르트 마케팅으로 바꾸어 부른다.

이 분야의 원조는 패션브랜드 '쌈지'다. 또한 대표적 성공 사례는 단연코 동원F&B의 '덴마크 우유시리즈'다. '진주귀걸이를 한 소녀', '피리 부는 소년', '리비에르씨의 초상' 등의 명화를 도입하여 극적인 매출 신장을 달성했다. LG전자의 DIOS 냉장고도 꽃의 화가로 유명한 하상림의 작품을 활용한 아트디오스Art DIOS라는 제품으로 큰 성공을 거두었다. '미술관을 집으로 옮긴 인테리어 TV'로 알려진 삼성전자의 더 프레임 TV도 매우 성공적인 협업 사례다. 나아가 약품, 과자류, 화장품, 금융 등에 이어서, 최근에는 자동차까지 거의 모든 업종에서 '데카르트 마케팅'이 널리 활용되고 있다.

해리 벡위드가 『언씽킹』에서 주장한 것처럼 우리는 '눈의 시대age of eye'에 살고 있다. 제품을 차별화하는 것이 점점 더 어려워질수록 기업은 '시각적 차별화'를 시도한다. 더구나 성능이나 가격 등 합리적 요소들은 더 이상 소비자 선택의 최우선 조건도 아니다. 소비자는 주로 비언어적인 감각을 통해 소비 현상을 일으킨다. 모든 감각 중에서 시각이 다른 감각보다 스무 배나 더 강하다고 한다. 전문가들조차 시각 때문에 싸구려 와인과 고급 와인을 구별하지 못한다. 시각을 통해 맛을 상상하기 때문이다. 이처럼 사람들은 눈으로 생각한다.

사람들은 언어가 생기기도 전에 이미 눈을 즐겁게 하는 도구들을 만들었다. 심지어 원시인들이 만든 손도끼에서도 심미적인 요소가 발견된다. 이렇듯 우리는 모두 아름다운 것을 갈망한다. 밀레의 '이삭줍기', 고흐의 '해바라기', 클림트의 '키스', 드가의 '발레수업' 등의 명화가 이미 생필품 디자인까지 파고들었다. 제품에 디자인과 예술 작품을 입히는 것은 이제 더 이상 겉치레나 사치가 아니다.

하지만 멋진 디자인과 아름다운 명화가 소비자의 눈길을 끈다고 해서 그들의 마음과 믿음까지 얻게 되는 것은 아니다. 시각적 차별화는 상품 속에서 예술적 아우라aura를 느끼려는 소비자의 심리를 충족하겠다는 기업의 약속이다. 결국 '나는 예술이다. 고로 나는 잘 팔린다.'라는 명제가 성립되려면 기업이 이 약속을 신실하게 지켜서 소비자의 마음과 신뢰를 얻어야 한다. 즉 '나는 생각한다. 고로 나는 존재한다.'라는 르네 데카르트의 명언처럼, 우리의 고객은 누구며 그들의 진정한 바람은 무엇인가에 대한 깊은 사유와 통찰이 최우선이다.

(2021.04.12.)

경영의 창으로 본 세상

16

신공항 성공의 핵심, 에어로폴리스 마케팅

마침내 군공항 이전부지 선정위원회가 의성 비안·군위 소보 공동후보지를 통합신공항 최종이전지로 선정·발표하였다. 대구광역시와 경상북도가 두 후보 지역과 어렵고 힘든 과정을 거치면서 공동유치에 합의한 지 1개월 만이다. 통합신공항은 약 463만 평 부지에 건설될 예정이다. 공항신도시 조성을 위한 부지 200만 평을 합하면 전체 면적이 660만 평을 넘는 초대형 역사다. 인내로써 결실을 맺은 지자체장들과 지역의 여러 지도자의 노고에 감사의 큰 박수를 보낸다.

유치지역은 여러 가지 지원을 약속받았다. 군위군에는 민항

터미널, 공항진입로, 군 영외관사 등을 배치하고, 의성군에도 1조 원 규모의 관광단지를 조성하는 등 다양한 지원을 하겠다고 했다. 하지만 공동후보지로 결정된 두 지역 모두에서 불만이 나왔다. 단독후보지가 좌절된 군위군은 물론이고, 의성군에서도 '알맹이는 군위가 다 가져갔다'며 역차별을 당하고 있다고 크게 반발하였다. 결과적으로 의성군이 추가적인 인센티브 안에 합의하였고 신공항 이전사업이 본격적으로 착수될 전망이다.

유치지역의 지원 요구는 향후 겪게 될 희생과 불편에 대한 보상적 성격이 강하다. 이것은 또 신공항을 계기로 지역발전의 초석을 마련하려는 것이기에 어쩌면 당연할 수도 있다. 그렇지만 정작 통합신공항 건설로 자기 고장의 가치를 높여 나갈 방도를 진지하게 고민하는 모습은 찾아보기가 어렵다. 신공항의 개항에 따른 지역의 미래 모습을 제대로 그려서, 발전방향에 걸맞은 사업들을 발굴해 내야 한다. 또한 사업들을 효과적으로 추진하는 방법을 찾아내는 것도 중요하다. 사업을 주도적으로 수행할 역량도 갖추어야 한다. 지역의 요구사항을 신공항 추진 주체와 긴밀히 협의하고, 이를 신공항계획에 반영하는 시스템도 필요하다. 따라서 유치지역에서는 '신공항기획단'과 같은 싱크탱크를 만들어서 이러한 과제들을 면밀히 연구하고 추진하는 일이 중차대하다. 더욱이 유치지역을 마케팅하는 일은 긴요하다.

공항은 그저 비행기가 뜨고 내리는 장소만은 아니다. 새로운 기업을 유치하고, 사람들이 드나들며 소비가 늘어남으로써 지역이 번창하는 중대한 계기가 될 수 있다. 요컨대 공항 유치지역인 에어로폴리스aeropolis를 적극적으로 마케팅해야 한다. 지역의 독특한 매력을 창출해서 이를 공항 이용 고객들에게 파는 것이 에어로폴리스 마케팅의 핵심이다. 이것은 '하늘길'을 이용하는 사람들을 지역의 관광지나 상업시설로 이끌어 '사람길'을 크게 여는 방법을 찾는 일이다. 그 결과 지역에 애착이 높은 고객들을 많이 확보하게 되면 공항 이용율도 높아진다. 그래서 에어로폴리스와 공항 운영 주체는 긴밀하게 소통하고 협력해야 한다.

'에어로폴리스 마케팅'의 목표는 단순 공항 이용자들을 고객으로 전환시키고, 투자자를 유치하여, 공항지역을 명품브랜드로 만들어 내는 데 있다. 여기서 가장 중요하게 고려해야 하는 요소는 지역 특유의 문화다. 지역문화는 지역이미지를 형성하기 때문이다. 지역이미지가 매력적으로 정립되면 관광객과 투자가, 기업, 그리고 다른 지역의 주민들을 이끌 수 있다. 동시에 지역의 인적 자산, 자연적 자산, 기반시설, 관광자원 등 마케팅 요소들을 통합적으로 활용해야 한다. 불특정 다수의 공항 이용객들 중에 목표 가망 고객을 정하는 일도 마케팅전략의 개발에 필수적이다.

기업경영에서 사람이 가장 중요하듯이 에어로폴리스 마케팅도 역시 추진 주체가 결정적 요소다. 추진 주체인 지역주민과 지역기업 그리고 지방정부가 혼연일체가 되어야 마케팅전략이 제대로 실행될 수 있기 때문이다. 지역 마케팅 전문가인 프랑스의 뱅상 골랭은 지역 마케팅전략의 실행 도구로 'TRACER' 모형을 제시하였다. 이 두문자어頭文字語의 첫 번째가 '함께 Together'다. 가장 먼저, 추진 주체들 간에 파트너십이 강화되어야 그다음 단계를 실행할 수가 있다. 이어서 매력적 평판 Reputation을 확보하고, 목표 가망고객과의 친근감 Affinities을 조성하여, 그들을 단골고객으로 전환 Conversion하고, 지역공동체와 유력인사의 참여 Engagement를 이끌어내며, 사업체를 유치 Retention하고 확장해 나가게 된다.

통합신공항과 함께 유치지역도 성공해야 대구·경북의 알찬 미래가 보장된다. 유치지역의 성공에는 지역 지도자들의 역할이 가장 중요하다. 요컨대 지역민들의 삶과 지역발전의 방향을 염두에 두고, 장차 신공항이 가져다줄 영향과 의미를 검토하여, 새로운 지역발전전략을 설정해야 한다. 이철우 경북도지사가 강조했듯이 이제 군위와 의성, 대구와 경북은 새롭게 거듭나야 한다. 새 '하늘길'이 지역 발전의 획기적인 원동력이 될 것인지는 오롯이 지역민 모두의 자세와 준비에 달려 있다.

대박의 행운은 늘 준비된 자에게 찾아온다.

(2020.08.31.)

경영의 창으로 본 세상

17

헬리콥터 마케팅도 마케팅일까

왜 대다수 남성은 헬기에 열광하는가? 거장 코폴라 감독의 전쟁 영화 '지옥의 묵시록'(1979년)에 그 답이 있다. 새처럼 정글 위를 날아다니는 헬기들의 매력적인 모습은 전율을 느끼기에 충분하다. 이 영화는 올해 개봉 40주년을 맞아 미국에서 IMAX 재개봉도 했다. 영화에서의 헬기 장면들은 정말 환상적이다. 그러나 현실의 긴박한 상황에서 출동하는 헬기 이야기는 전혀 다르다. 헬기 경력이 풍부한 베테랑 기장들조차 헬기 조종은 매우 위험하다고 말한다. 지난달 31일 소방헬기가 추락하여 일곱 명의 아까운 생명이 희생되었다. 국민의 생명과 안전을 지키기 위해 독도로 출동한 119 구조본부 소방대원들의 죽음에 모든 사람이 안타까워하고 있다. 삼가 이들의 명복을 빈다.

하늘을 나는 비행기 헬리콥터는 특이한 모양 때문에 여러 분야에서 그 명칭이 인용되고 있다. 헬리콥터 부모, 헬리콥터 머니에 이어서 헬리콥터 마케팅도 있다. 90년대 초 미국에서 사용된 헬리콥터 부모라는 용어는 자녀의 주위를 맴돌며 24시간 자녀를 과잉 보호하는 부모들을 지칭하는데 우리나라에도 그 숫자가 적지 않다고 한다. 당연히 바람직하지 못한 사회현상이다. 헬리콥터 머니는 경기 부양을 위해 중앙은행에서 새로 찍어낸 돈을 헬리콥터에서 돈을 뿌리듯 시중에 공급하는 것을 뜻하는 경제학 용어다. 노벨경제학상 수상자(1969년)인 밀튼 프리드만이 하늘에서 지폐를 뿌리는 상황을 가정하며 처음 사용하였다고 한다. 민중을 위한 양적 완화라고 불리는 헬리콥터 머니도 날아다니는 헬리콥터 못지않게 상당히 위험한 경제정책으로 평가되고 있다.

최근에는 헬리콥터 마케팅이라는 용어도 등장하였다. 유통업체들이 현금을 직접 뿌리는 현금성 이벤트에 국내 한 언론사가 붙인 재미난 이름이다. 이것은 할인행사 대신에 소비자에게 직접 현금성 상품권이나 적립금을 지급하는 방식이다. 내수침체에 좀처럼 열리지 않는 소비자의 지갑을 열려는 유통업체들의 긴급 처방인 셈이다. 이달 초하루 신세계그룹이 운영하는 온라인 쇼핑몰 SSG닷컴이 선착순 15만 명에게 1만 원의 상품권을 지급하였다고 한다.

이른바 '국민용돈 100억 원 이벤트'다. 티몬은 모든 가입자에게 10만 원 할인쿠폰을 지급하는 이벤트를 시작했고, 위메프도 이달 1일에서 11일 사이 200억 원 규모의 적립금을 15만 명에게 지급하는 행사를 한다고 하였다. 온라인쇼핑업체뿐만 아니라 백화점과 마트, 홈쇼핑업체들도 현금성 이벤트를 진행하고 있다.

헬리콥터 마케팅의 효과는 확실치 않다. 그리고 이것은 사실 마케팅이라고 할 수도 없다. 단지 매출 확대를 위해 시행하는 일회성 판매기법에 불과하다. 우리는 마케팅의 핵심과는 전혀 동떨어진 것들에 너무나도 쉽게 마케팅이란 단어를 갖다 붙인다. 날씨 마케팅, 향기 마케팅, 컬러 마케팅, 바이럴 마케팅 등 온갖 종류의 마케팅이 다 있다. 심지어 응원 마케팅이라는 희한한 용어도 나온다. 그러나 이런 것들은 마케팅의 본질에 대한 오해에서 비롯된 판매를 위한 기법일 뿐이다. 마케팅은 갖가지 수단을 동원하여 고객의 지갑을 여는 행위가 아니다.

마케팅이란 고객의 가치를 창조하고 유지해서 고객의 마음을 얻는 일이다. 그러므로 마케팅은 바로 '누구를 도우며 섬길 것인가'라는 물음에서 시작된다. 고객의 걱정과 바램을 해결해주는 동시에 고객의 삶을 행복하게 해줄 서비스를 제공하는 일이다. 따라서 성공하는 마케팅은 고객이 원하는 다양한 편익을 제공하는데 집중하는 것이지, 새롭고 흥미진진한 기법을 고안하거나 찾아내는 일이 아니다. 그것은 고객들에게 말하는 내용(가치) 속에 있기 때문에 어떤 형식으로 전달되는지는 아무 관련이 없다. 더구나 공짜를 연상시키는 초저가 이벤트로 고객의 가치를 실현하기란 거의 불가능하다. 그래서 세계에서 가장 영향력 있는 마케팅 구루 세스 고딘의 지적은 귀담아들을 만하다. "저렴한 가격은 좋은 아이디어가 다 떨어진 마케터의 마지막 피난처일 뿐이다."

미국 서부개척시대 한 식당에서 유래한 '공짜 점심'이란 말이 있다. 그런데 "자본주의 경제에서는 공짜 점심이 없다."라는 말을 자주 사용했던 프리드만 교수가 헬리콥터 머니라는 공짜성의 경제정책을 제안하였다는 것은 매우 아이러니하다. 우리 정부가 저소득층에게 '공짜 마스크'를 지급하기 위해 내년 예산에 무려 574억 원을 책정했다는 소식이 들린다. 저소득층을 위한 지원은 당연히 시행되어야 하겠지만 공짜로 지급하는 '현금성 지원'은 역시 큰 문제이다. 국민의 합리적 소비문화 정착에 걸림돌이 될 수 있기 때문이다. 이러한 점에서 최근 활발히 시행하고 있는 현금성 이벤트 형식의 판매방식도 긍정적으로 평가되기는 어렵다. 따라서 공짜 성격의 소위 헬리콥터 마케팅이 내수침체 시대의 바람직한 마케팅 수단이 되기는 어려울 것 같다.

이 세상에는 어떤 공짜도 없다.

(2019.11.25.)

경영의 창으로 본 세상

18

'꿈의 사회'에서는 새로운 마케팅을

지난달 21일, 국내 기술로 제작된 첫 한국형 발사체 누리호가 나로우주센터에서 발사되었다. 지구 상공 700km 지점까지는 성공적으로 올라갔으나, 마지막 단계에서 위성 모사체를 궤도에 올려놓지 못했다. 비록 완전한 성공은 아니었지만, 우리 우주항공기술을 국제사회가 인정할 정도의 큰 성과다. 많은 국민들이 감동했고, 특히 꿈나무들은 열광하며 큰 박수를 보냈다. 우주강국의 큰 꿈을 실현할 수 있는 초석을 놓았다.

꿈같은 우주관광시대가 열리고 있다. 지난 7월 버진그룹 CEO 리처드 브랜슨과 아마존 CEO 제프 베이조스가 우주여행을 성공적으로 마쳤다. 두 억만장자의 우주여행에 이어 9월에는 민간 우주왕복선 스페이스X에 탑승한 우주여행팀 '인스퍼레이션 4'가 사흘

간의 우주여행을 마치고 성공적으로 귀환했다. 순수 민간인으로 구성된 사상 첫 우주 궤도 비행단이었다. 이로써 우주여행산업 시장의 치열한 경쟁이 예고된다.

인류는 늘 꿈을 꾸며 살아왔다. 비단 우주여행의 꿈이 아니더라도 우리는 누구라도 꿈을 꾸며 산다. 꿈은 미래를 건설하는 원동력이며 재료다. 미래는 우리가 꿈꾸고 상상하는 세계로 존재하기 때문이다. 20세기 말 덴마크 출신의 미래학자 롤프 옌센은 그의 저서 『드림 소사이어티Dream Society』에서 정보사회 이후는 '꿈의 사회'가 될 것이라고 주장했다. 이전의 사회와는 전혀 다른 가치관이 지배하는 새로운 사회가 도래한다는 것이다. 그것은 과학과 합리주의, 분석과 실용주의에서 벗어나 이미지와 감성적 이야기가 부가가치를 만들어내는 새로운 경제·사회 패러다임이 주도하는 사회로 나아가는 것이다.

'꿈의 사회' 무대에는 감성과 상상력을 기반으로 창조된 숱한 이야기와 다양한 이미지가 등장한다. 이미 정보보다는 감성에 바탕을 둔 시장이 커졌고, 감정을 대상으로 하는 시장이 물리적 상품을 대상으로 하는 시장을 능가하고 있다. 이성과 합리성이 기준이 아니라, 디자인, 색채, 스타일, 이미지 등과 같은 감성적 요소들을 중심으로 제품을 구매하고 소비하는 추세가 확산되고 있다. 당연히 기업으로서는 소비자의 마음을 상대로 하는 감각 정보를 통해 소비자의 감성적 욕구에 부응해야 한다. 상상력, 창조, 감성의 의미를 제대로 깨닫는 기업만 살아남을 수 있다.

마케터들은 소비자들이 먼저 감성으로 사고 나중에 이성으로 합리화한다고 말한다. 유명상표의 가방을 구입한 다음에 '이 가방은 세월이 흘러도 형태나 색상이 변질되지 않고, 유행에도 뒤지지 않아.'라고 하면서 고가의 구매를 합리화한다. 흔히들 소비자가 이성적 판단으로 구매를 결정한다고 생각하지만, 대부분의 쇼핑에서는 감성을 사용한다. 제품에 담긴 이야기나 자신의 마음을 움직이는 감성 중심의 제품이나 서비스에 관심을 가지고 구매하는 경우가 많다.

스타벅스에서 커피를 마시는 소비자들을 보자. 그들은 커피 한 잔의 가격이나 카페인의 양보다 스타벅스 특유의 분위기에서 느낄 수 있는 젊음과 자유를 더 중요하게 생각한다. 심지어 굿즈를 얻기 위해 마시지도 않을 커피를 대량으로 구매하기도 한다. 매출 감소로 위기에 놓였던 초코파이를 되살린 것은 친구와 부모 간의 사랑을 주제로 한 '정情' 캠페인이었다. '초코파이=정'이라는 등식이 성립될 정도로 초코파이는 단순한 과자가 아니라 정을 전달하는 매개물로 진화했다.

이처럼 소비자들은 상품이나 서비스에서 점점 더 가치나 의미를 찾으려고 한다. 제품을 구매할 때 먼저 제품의 뚜렷한 이미지나

스토리를 떠올린다. 그들은 상품에 묻어 있는 이야기를 구매하는 것이다. 따라서 시장에서 성공하려면 훌륭한 이야기꾼이 되어야 한다. 위대한 상표를 만들어낸 기업들은 예외 없이 소비자의 감성에 호소하는 이야기를 한다. 따라서 기업은 인간의 기본적인 감성 욕구를 파악하고, 상품에 담긴 감성을 마케팅해야 한다. 하지만 감성 마케팅이 만능해결사는 아니다. 상품의 기본적인 경쟁력을 제대로 갖춘 뒤 감성 마케팅을 실행해야 함은 두말할 여지가 없다.

세상이 급변하고 있다는 말이 진부하게 들릴 만큼 모든 것이 변혁을 거듭하고 있다. '꿈의 사회'에서도 소비자와 시장은 따라잡기 어려울 정도로 변하고 있다. 이 시대의 마케팅개념은 단연코 소비자에게 꿈과 감성을 제공해주는 것이어야 한다. 소비자들은 언제나 정신적 안정과 정서적 만족을 주는 대상과의 결속을 바라기 때문이다. 더구나 소비자들은 불확실한 세상을 헤쳐나갈 수 있는 보다 확실한 제안과 자신을 확고하게 세상에 알릴 기회를 원하고 있다.

바야흐로 정치의 계절이다. 『감성의 정치학』에서 드루 웨스턴은 "정치는 이성과 감정의 싸움터이며, 이성이 이길 것 같지만 언제나 감정이 승리한다."라고 주장했다. 정치는 유권자의 마음을 훔치는 일이고, 비즈니스는 고객의 마음을 훔치는 연극이다.

(2021.11.08.)

5부

일의 본질과 변혁 시대의 삶

근면한 것으로 충분하지 않다.
개미도 근면하니까 말이다.
문제는 무엇을 위해서 근면하게 일하느냐다.

— 헨리 데이비드 소로 Henry David Thoreau

사람이 모는 차는 인공지능이 운전하는 차에 비해 너무 위험하다.
앞으로는 사람이 운전하는 게 불법이 될지도 모르는
미래가 올 것이다.

— 일론 머스크 Elon Musk

경영의 창으로 본 세상

01

직업윤리는 실종되었는가

세간에 가장 큰 이슈는 단연코 '화천대유'라는 특별한 이름의 회사가 주도한 '대장동 개발사업 특혜의혹' 사건이다. 지난달 초순 희대의 부동산개발 부정 의혹 사건으로 알려진 이래 일파만파로 번져서 내년에 있을 대선까지 최대 쟁점이 될 전망이다. 야당은 검·경 수사를 신뢰할 수 없다면서 특검을 주장하고 있고, 여당은 자당의 대통령 후보와의 관련성을 적극적으로 부인하며 야당의 요구를 거부하고 있다.

더구나 고위직을 지낸 여러 법조인이 이 사건에 연루된 것으로 알려지면서 국민들의 관심이 증폭되고 있다. 이들이 받았다는 고액의 보수도 놀랍지만, 그들이 위반한 직업윤리가 더 심각한 문제로 지적되고 있다. 이 사건에 변호사법 위반 혐의를 받는 한 분은 법학전문대학원의 석좌교수로 '법조윤리'를 가르치기도 했다고 한다. 비단 법조계뿐만 아니라 지금 우리 사회는 의료계나 교육계를 비롯한 여러 직종에서 직업윤리의 상실을 크게 우려하고 있다.

"그의 직업에 충실한 자를 보았느냐, 그는 왕 앞에 서리라." 인간이 돈을 벌어야 하느냐는 질문에 벤자민 프랭클린은 성경의 잠언서 구절을 빌려 이렇게 답하였다. 그는 직업을 자신의 물질적 욕구를 충족시키는 수단으로서가 아니라 삶의 목적으로 여겨야 한다고 주장한다. 합법적으로 돈을 버는 것은 직업의 성실성 표현이며 결과라는 것이다. 마하트마 간디도 "염치없이 수단과 방법을 가리지 않고 돈만 벌면 되는 것이 아니다. 돈을 벌 때 지켜야 할 윤리가 있고 사회에 대한 책무가 있다."고 강조했다.

요즘 돈이 충분하면 직장을 일찍 그만두고 삶을 편안히 지내려는 젊은이가 많아졌다. 경제적 독립Financial Independence과 조기 은퇴Retire Early의 첫 글자를 딴 '파이어FIRE족'이 바로 그들이다. MZ세대 가운데 세 명 중 두 명이 파이어족을 꿈꾼다고 한다. 2008년 글로벌 금융위기 이후 생겨난 미국의 파이어족은 30대 후반에서 40대 초반에 은퇴를 한다. 우리나라에서는 은퇴 희망시점이 50세가량이라고 한다. 일본에서도 적극적 투자로 은퇴 준비자금을 마련해서 마흔 살에 은퇴하려는 사람들이 늘고 있다.

'파이어족'의 목표는 경제적 자유를 얻어 일찍 직장을 그만두고 자신이 '하고 싶은 일'을 하면서 은퇴자처럼 사는 것이다. '월급 노예' 탈출이라는 표현까지 써가며 조기 은퇴 생활을 부추기는 책까지도 나왔다고 한다. 직장에서의 일이 본인의 적성이나 능력에 꼭 맞지는 않더라도 그것을 노예생활로 여기는 것은 왜일까. 수천억 원의 부당 이익으로 일확천금을 챙겼다는 '대장동 개발' 의혹 사건도 이러한 생각에 일조를 했을 것이다. 부정과 비리는 직업윤리와 근로의욕에 매우 나쁜 영향을 미치기 때문이다.

경제적 자립과 자존을 지켜주는 소득은 그 의미가 매우 크다. 하지만 오로지 돈벌이만을 위해 일한다면 직장생활은 힘들고 고된 현실로 다가올 수밖에 없다. 생각을 바꾸어서 일을 소명으로 여기며 최선을 다하면 창조와 성취의 보람을 얻는다. 직업과 일에 대한 진정한 의미를 이해하고 직업윤리를 실천하면 일에서 기쁨과 만족을 느끼게 된다. 나아가 일터에서 많은 것을 배우며 동료들과 협동하며 사회화를 학습한다. 직장은 제2의 교육기관이기도 하다.

교육현장에서의 직업윤리는 더없이 중요하다. 교직은 사람을 가르쳐 길러내는 일이기 때문이다. 교사는 단순한 지식 전달자가 아니라 학생을 바른 인성을 가진 사람으로 변화시키는 역할을 한다. 나아가 학생들의 무한한 가능성을 찾아주며 미래의 길을 열어주어야 한다. 그러려면 교사는 학생들이 성장할 수 있도록 진정으로 도와야 한다. 교사의 직업윤리는 사도師道다. 《사도》라는 제목의 옛 시에, "세상에서 누가 훈장을 좋다고 하였던가/ 연기 없는 마음의 불이 저절로 생겨나네// 비록 정성껏 가르쳐도 칭찬 듣기 어렵고 / 잠시 자리 뜨면 시비 소리 얻기 쉽네"라고 했다. 이렇듯 교직은 어떤 직업보다 더욱 엄격하고 철저한 윤리기준을 요구한다.

직장이든 교육현장이든 어떤 윤리 기준을 실천하는가가 수월성을 결정한다. 부당한 이익을 추구하거나, 황금만능주의에 오염되거나, 일하지 않고 편하게 살아가려는 사람들이 많아지면 우리 사회는 희망을 볼 수 없다. 암으로 타계한 스티브 잡스는 마지막 순간까지도 창의적인 작품을 만드는데 전력을 다했다. 미켈란젤로는 작품활동을 더 이상 할 수 없을 때까지 계속 배우고 정진하는 장인정신을 발휘했다. 제33회 아산상 대상을 수상한 김우정 '캄보디아 헤브론' 의료원장은 '캄보디아의 슈바이처'로 불리며 14년간 의료봉사를 실천하고 있다. 직업윤리에 투철한 이들의 끈질긴 노력과 집요함이 이 세상을 더 나은 곳으로 만든다.

우리 경제가 제대로 작동하려면 직장에 대한 바른 인식과 직업윤리의 정립과 철저한 실행이 급선무다.

(2021.10.25.)

경영의 창으로 본 세상

02

'좋은 일자리'를 찾아서

설 연휴 기간 우리 국민의 최대 관심사는 신종 코로나바이러스, 4월 총선 그리고 경제회복에 관한 것이었다. 특히 올해는 반드시 일자리 문제가 크게 해결되기를 기대하고 있다. 지난해 민간일자리 침체가 워낙 심각했던 탓이다. 그런데 지난 연말 대통령 직속 일자리위원회의 이목희 부위원장은 올해 고용 여건이 지난해보다 불리할 것으로 내다보았다. 그는 정부가 선제적으로 '좋은 일자리'와 '괜찮은 일자리'를 지키려는 노력이 필요하다고 강조했다. '좋은 일자리'와 '괜찮은 일자리'란 어떤 것일까. '나쁜 일자리'라거나 '가짜 일자리'라는 말도 나왔다. 또 정치권에서는 진짜 일자리, 가짜 일자리 논쟁이 뜨겁다.

단언컨대 누구에게나 '좋은 일자리'란 없다. 다만 사회적 평판이나 월급이나 복지혜택 등과 같은 경제적 측면에서 좋게 여겨질 뿐이다. '괜찮은 일자리'란 가능한 한 오래 다닐 수 있고, 높은 연봉과 복지혜택을 받을 수 있는 일자리일 가능성이 높다. 그러나 '겉보기에 좋지만 실상은 그렇지 않은 일자리'들도 숱하다. 그나마 그럴듯한 일자리도 많지 않고, 일자리가 있지만, 외양상 만족스럽지 못해 기피하는 '일자리 미스매치'가 고용개선에 큰 걸림돌이 되고 있다. 실제로 우리나라 노동시장에서의 미스매치는 매우 심각한 수준이다. 학력이나 전공단위의 수급 불일치에서 나타나는 양적 미스매치는 물론이고, 능력과 직무가 불일치하는 질적 미스매치도 큰 문제다. 여기에다 구직자 또는 심지어 그 부모가 당사자의 자격이나 능력을 과대평가하여 직장이나 직무를 잘못 기대한 결과 나타나는 착시錯視 미스매치도 매우 심각하다.

결론부터 미리 말하자면 개개인에게 알맞은 일자리가 가장 '좋은 일자리'다. 관심, 재능, 가치라는 관점에서 자신에게 딱 들어맞는 일이 좋은 것이다. 또, 같은 일자리라도 일하는 사람의 일에 대한 태도에 따라서도 그 가치는 크게 달라진다. 현대경영의 창시자로 불리는 피터 드러커는 성전건축 현장에서 일하는 석공을 예로 들어 사람이 일하는 목적을 설명하였다. 석공에게 왜 이 일을 하느냐고 물었다. 첫 번째 석공은 먹고 살기 위한 방편으로 힘들게 이 일을 하고 있다고 대답했다. 두 번째 석공은 자신이 지닌 기술을 맘껏 발휘하기 위해 돌을 다듬고 있다고 했다. 세 번째 석공은 자신이 하는 일은 거룩한 성전을 짓는 일이라고 답했다. 사람들이 일을 대할 때 보이는 뚜렷이 다른 세 가지 태도이다.

사람들은 일을 생계의 수단으로만 보기도 하고, 또 직업을 통한 자기성취의 기회로 여기기도 한다. 그러나 어떤 이는 일을 특정 목적달성을 위한 수단이 아니라 그 자체로서 고유한 보상을 품은 것으로 보기도 한다. 더 높은 가치 혹은 나 자신보다 더 큰 무엇에 기여하고 있다는 느낌, 바로 소명감이 그것이다. 이처럼 일의 본질은 그대로이지만 일을 어떻게 인식하느냐에 따라 그 일이 좋은 일이 되기도 하고 그렇지 않기도 한다. 핵심은 다른 사람들이 그 일에 부여하는 가치가 아니라, 그 일이 자신에게 어떤 의미를 지니는 가다.

가장 좋은 일을 찾으려면 스스로 다음과 같은 세 가지 질문에 답하고 최선점을 찾아야 한다. 먼저, 이 일은 내가 좋아하는 일인가. 둘째, 나는 이 일을 잘 할 수 있는 능력과 자원을 지니고 있는가. 셋째, 이 일을 통해 내가 얻고자 하는 것을 얻을 수 있는가. 결국, '나는 무슨 일을 하기 위해 태어났는가?'에 대한 해답을 절실히 고민할 때 좋은 일자리를 찾게 된다. 『목숨 걸고 일한다』의 저자

오카노 마사유키는 "아무도 할 수 없는 일을 한다."를 모토로 하여 '오카노 공업'을 초일류 미니기업으로 일구었다. 초등학교를 겨우 졸업한 그는 물리학자들도 불가능하다고 한 '맞아도 아프지 않는 주사 바늘'을 개발하였다. 또 세계 제일의 딥 드로잉 deep drawing 기술로 일본 소니, 히타치, 마쓰시타는 물론이고 미국 국방성과 NASA로부터도 주문을 받았다. 그가 강조한 것은 '목숨 걸고 일하는 자세'다. 그냥 열심히 일하는 것이 아니라 자기 일에 가치를 더하려고 목숨을 걸고 부단히 노력한 것이다.

신년 벽두에 미래학자 토머스 프레이가 향후 10년간 전 세계 대학 절반이 사라질 것이라며 교육과 일자리의 변화를 강조하였다. 10년 후에 경제활동을 시작하는 사람은 평생 8개에서 10개까지 직업을 바꿔가며 일하게 된다고 한다. 따라서 이제 국가나 개인 모두가 직장과 직업을 바라보는 관점에 큰 변화가 필요하다. 언제, 어디서나, 누구에게나 좋은 일자리와 괜찮은 일자리는 지금까지 없었고 앞으로도 없을 것이 분명하다. 진짜 일자리와 가짜 일자리도 없다. 단지 각자에게 알맞은 일자리가 있을 뿐이다. 비록 취업 절벽의 시대라고는 하지만 내게 알맞은 '좋은 일자리'는 반드시 있다. "모든 직업은 신 앞에서 반드시 평등한 가치를 갖는다."라고 한 종교개혁가 마틴 루터의 말은 여전히 유효하다.

(2020.02.03.)

03

'N잡러' 라니요

100여 년 전, 독일의 사회학자 막스 베버는 『프로테스탄티즘의 윤리와 자본주의 정신』에서 자본주의가 어떻게 하여 서구문명에서 발흥할 수 있었는지, 그 연유를 추적하는 과정에서 '직업의무'를 설파했다.

"오늘날 누구에게나 익숙한 그러나 사실은 매우 까다로운 '직업의무'라는 사상은 자본주의 사회에서의 가장 특징적인 사회윤리며 어떤 의미에서는 이 사회의 기본적 토대를 이루는 것이다. 이러한 직업에 대한 의무의식은 직업의 내용이 어떻든지 간에 혹은 직업이 자신의 노동력을 사용하는 것이건 혹은 자신의 자본을 사용하는 것이건 간에 각자가 가지고 가져야만 하는 것이다."

베버는 직업(사업을 포함)과 부富에 대한 프로테스탄티즘의 윤리가 자본주의의 정신적, 윤리적 밑거름이 되었고, 그것은 노동에 대한 소명召命, Beruf, Calling 의식을 지니는 것이라고 천명했다. 마찬가지로 기업가도 사업에 대해 소명의식을 지녀야 한다고 주장했다. 부유한 자라도 노동하지 않고 먹어서는 안 되며 직업은 신의 영광을 위해 일하는 신의 명령으로 보았다. 이렇듯 직업윤리는 자본주의뿐 아니라 민주주의의 근간을 이루고 있다고 할 수 있다.

며칠 전, 'N잡러'에 관한 기사를 읽고 큰 충격을 받았다. 'N잡러'란 2개 이상의 수를 뜻하는 'N'과 직업을 뜻하는 '잡job' 그리고 사람을 뜻하는 '～러'가 합쳐진 신조어로 '여러 직업을 가진 사람'을 가리킨다. 요즘 직장인 절반이 월급만으로는 먹고 살기 어려워서 두서너 가지 일을 하는 'N잡러'라고 한다. MZ세대는 'N잡'을 선택이 아니라 필수로 여기고 있고, 무려 다섯 가지 직업을 병행하는 이들도 있다고 한다. 한 가지 일도 제대로 하려면 정성을 기울여야 하는데, 하물며 여러 가지 일에 온전히 집중하는 것이 과연 가능할지 의문이다.

더 충격적인 뉴스는 '해고'를 꿈꾸는 청년에 관한 기사다. 7개월만 일하고 이후에는 구직급여(실업급여)를 받으면서 여행을 다닐 것이라는 청년의 이야기다. 그는 두 번의 퇴사 후, 또다시 고용보험 실업급여를 받기 위해 세 번째 회사에 취직하였다. 그리고 해고를

당하기 위해 업무를 게을리하는 등 태업을 일삼고 있다고 한다. 문제는 이런 생각을 가진 '얌체 메뚜기족' 청년들이 적잖다는 데 있다. 실업급여로 생활하는 이들 때문에 비교적 이직이 쉬운 업종이나 구직난이 심한 중소기업들이 큰 피해를 보고 있다고 한다.

'N잡러'와 '얌체 메뚜기족'들이 많아지면 일터에서의 노동의 질은 당연히 저하되어서 노동생산성을 기대하기 어렵다. 우리나라 연평균 노동시간은 2,083시간으로 멕시코에 이어 OECD 36개국 중 2위로 길다. 하지만 2019년 기준, 시간당 노동생산성은 30위로 거의 꼴찌 수준이다. 일하는 시간은 길지만 부가가치 생산성은 매우 낮다. 이러한 결과가 물론 'N잡러'와 '얌체 메뚜기족'들 때문만은 아닐 것이다. 노동유연성이 낮은 것이 주된 이유다. 따라서 생산성에 따른 보상체계와 탄력적인 근무형태 등에 대해 노사가 합의하여 노동유연성을 높이는 것이 매우 중요하다. 그러나 지금 우리 경제의 가장 급선무는 노동현장의 근로자들과 사업가들이 일하는 자세와 '직업의무'를 진솔하게 반성하고 바람직한 직업윤리를 재정립하는 일이다.

돈에 대한 열망은 인류 공통이다. 많은 사람은 부富가 '꿈꾸는 삶'을 살게 해줄 것으로 여긴다. 하지만 실제로는 그렇지 않다. 그래서 '직업의무'를 지닌 직업인들은 단지 경제적 보상만을 위해 일하지는 않는다. 그들에게 일이란 삶과 윤리의 최고선 summun bonum에 다가가는 방법이다. 최초의 우주선 발사를 위해 케이프 커내버럴 기지에 도착한 케네디 대통령이 항공우주국 직원에게 그가 맡은 일에 대해 물었다. "나는 사람을 달에 보내는 일을 하고 있습니다." 그 직원은 자랑스러운 표정으로 대답했다. 잠시 후 케네디는 그 직원이 수위라는 사실을 알았다.

'N잡러'들에게 직업은 부의 창출 외에 무슨 의미가 있으며, 그들은 직업을 통해 어떤 성취감을 얻는 것일까. 직업과 노동이 그 자체로 목적인 곳과 그것들이 단지 생계를 위한 혹은 치부를 위한 수단인 곳에서는 엄청난 차이의 사회경제적 결과를 나타낸다. 21세기 최고의 경제사학자인 니얼 퍼거슨은 『시빌라이제이션』에서 직업윤리야말로 지난 500여 년 동안 서양을 부유하고 발전된 국가로 만든 여섯 가지 핵심요소들 가운데 하나라고 주장했다.

인도의 정신적 지도자였던 마하트마 간디는 '나라를 망치는 7가지 사회악'이라는 유명한 글을 남겼다. 그 가운데 '노동 없는 부'와 '도덕성 없는 상업'이 있다. 땀과 노력 없이 일시에 큰 재산을 얻으려 하는 졸부근성과, '직업의무' 없이 건성으로 일하는 노동현장과, 사업윤리에 철저하지 못한 기업가들이 상존한다면 우리 경제는 과연 어디로 갈 것인가.

(2021.07.05.)

경영의 창으로 본 세상

04

공짜는 위험하다

99.5% – 13.6조 원 – 0.2%

2020년 5월 4일부터 한 달 동안 실행한 국가재난지원금의 지출 성적표다. 지난달 행정안전부(6월 7일 집계)는 모든 국민을 대상으로 실시한 국가 긴급재난지원금 지급률이 가구 수 기준으로는 99.5%, 지원 금액은 13조 6천억 원이라고 밝혔다. 정부는 당초 총예산의 20%가량의 기부금을 예상했지만, 실제 기부금은 총예산의 0.2%인 282억 원에 그쳐 목표치의 백 분의 일에 불과했다.

사안의 긴급성을 감안해 서둘러 집행한 재난지원금의 지출 결과에서 우리는 세 가지 사실에 주목해야 한다. 우선 거의 모든 국민들이 코로나19때문에 자신들이 이미 긴급재난을 당했다고 믿거나, 적어도 가까운 장래에 그렇게 되리라고 생각하고 있다는 사실이다. 둘째는 긴급재난지원금의 사용처다. 즉, 지원금으로 무엇을 사고, 어디에서 사용했는가 하는 점이다. 끝으로, 재난지원금 지출이 기대한 목적을 제대로 달성했는가 하는 것이다. 역사상 유례가 없을 정도로 큰 예산을 투입한 국가재난지원금 정책에 대한 제대로 된 평가를 하기에는 아직 이르고 쉽지도 않다. 그러나 이번 정책이 '반짝 소비'에 그쳐 그 효과가 이미 끝이라는 평가와 함께, 정부재정정책에서 가장 치명적인 고비용 저효율 사례가 될 수도 있을 것이라는 우려가 제기된다.

재난 구호금은 당연히 재난을 당한 사람들에게 주어져야 한다. 그런데 이번 정책에 따르면 전 국민이 예외 없이 코로나19의 피해자가 되었으며, 따라서 국민 모두가 구호의 대상이 되는 결과를 가져왔다. 정말 모든 국민이 구호금을 받아야 할 처지에 놓인 피해자인가. 이해할 수 없는 괴이한 현상이다. 더구나 많은 지원금이 긴급구호와는 관련이 없어 보이는 곳에 사용되었다고 한다. 언론 보도를 보면 상당수 사람들이 지원금을 '공돈'으로 여기고 긴급재난의 해소와는 거리가 먼 소비를 했다고 한다. 물론 지원금을 어려운 이웃이나 단체에 기부한 사람들도 적지 않을 것이다. 그러나 많은 사람이 고가의 자전거를 사거나, 비싼 와인이나 한우를 사 먹는 데 썼다고 한다.

지원금으로 소고기를 사 먹었다고 누가 비난할 수 있을까. 그러나 재난지원금이 긴급재난을 극복하기 위한 구호금으로써의 정당성을 얻고 효과를 실현하려면 지원금은 응당히 기초생활비 지출에 투입되어야 할 것이다. 그렇게 함으로써 골목상권을 비롯한 소상공인 점포들의 매출이 늘어나고 코로나19의 최대 피해자인 이들에게 실질적인 도움이 돼야 했었다. 그런데 이들 점포의 매출이 늘기는 커녕 면세품 재고 판매에 따른 해외 명품 수요가 크게 늘어나는 희한한 일도 있었다. 최근 통계를 보면 5월 한 달 동안 반짝 좋아졌던 매출이 6월에 들어서면서 침체를 보이면서 골목상권의 경기가 다시 얼어붙고 있다. 그래서 위기극복을 위한 재난지원금 지급은 내수 경기를 호전시키는데 제대로 기여하지 못한 것으로 여겨진다.

중소기업벤처부의 주도 아래 내수 진작을 위한 또 하나의 거국적인 행사가 지난달 26일부터 열리고 있다. 이달 12일까지 계속되는 이른 바 '대한민국 동행세일'이다. 코로나19로 어려움을 겪는 유통업체와 중소기업·소상공인을 지원하고 침체된 소비를 살리기 위해 거의 모든 유통업체들이 참여하는 대규모 행사다. 대형마트는 초저가 할인 행사를 진행하고, 전국 633개 전통시장과 상점가도 동참한다. 우리 고장에서도 지난달 26~28일 3일간 동대구역 광장에서의 현장 행사를 시작으로 이 행사에 참여하고 있다. 정부는 이 행사로 내수 수요가 크게 살아나기를 기대하고 있다.

이렇듯 정부는 서민경제를 살리고 소비를 진작시켜 나라경제를 회생시키기 위해 안간힘을 쓰고 있다. 그러나 정책당국은 '정부가 앞장서서 장사가 잘되는 일은 없다.'는 사실을 잊어서는 안 된다. 장사는 상인이 하는 것이고, 구매 결정은 소비자가 한다. 정부가 주도적으로 나서서 이끄는 것은 바람직하지 않다. 오히려 정책당국은 장사와 소비에 어려움과 지장을 주고 있는 것이 무엇인가를 정확하게 파악해서, 부족한 점은 채워주고 불필요하거나 걸림돌이 되는 부분은 적시에 해소해주는 일을 해야 한다. 다시 말해 올바른 소비환경을 만들어주는 '보이지 않는 지도력'이 가장 중요하다.

나라경제는 생산경제의 주체인 기업이 앞장서야 살아난다. 수출도 그렇고, 고용도 마찬가지다. 소비자의 지갑을 여는 힘도 결국은 기업에서 나온다. 정부가 주도하는 일시적, 단발적 소비촉진 이벤트는 보조적인 수단일 뿐이다. 무분별한 현금 살포나 거국적 가격할인행사는 장래의 소비를 조금 앞당겨 구매하게 하는 데 불과해, 장기적이고 지속적인 소비 진작 효과를 기대하기 어렵다. 자칫 소비자들의 공짜심리만 부추길 수도 있다.

"공짜 치즈는 쥐덫에만 놓여 있다."는 러시아 속담처럼, 인생에서 대가 없는 공짜는 하나도 없다.

(2020.07.06.)

05

코로나19 경제위기를 극복하려면

코로나19의 장기적 여파로 세계 경제가 심각한 위기에 처했다. 미국은 경기 부양을 위해 연소득 7만5천 달러 이하의 국민들에게 성인 1인당 1,200달러, 자녀 한 명당 500달러를 수표로 지급할 것이라 한다. 우리나라에서도 몇몇 지자체에서 이미 현금성 지원 정책을 집행하고 있다. 경기도지사와 부천시장은 재난기본소득에 대한 의견 차이로 갈등을 빚기도 했다. 최근 대구광역시에서는 시의원과 지급 시기와 방법을 둘러싼 설전 도중에 시장이 쓰러지는 사건도 발생했다. 아마도 머지않아 헬리콥터로 공중에서 현금을 살포하는 이른바 '헬리콥터 드롭 drop'의 범세계적 실행 장면들을 자주 마주치게 될 것 같다.

지난주 우리 정부는 경제 위기에 대응하기 위한 100조 규모의 비상 금융 조치를 발표했다. 소상공인과 자영업자는 물론 주력 산업의 기업까지 확대 지원하여 코로나19의 충격으로 기업이 도산하는 일을 막겠다고 한다. 또한 재난기본소득, 긴급생계비 지원 방안도 조속히 마련할 것이라고 한다. 그러나 일시적인 재난기본소득을 지급하는 데는 이견이 분분하다. 세금으로 조달한 돈을 무차별적으로 살포하면 일할 사람들의 근로의지를 해치고, 막대한 자금을 충당하기 위한 증세가 불가피하기 때문이다. 지원금 지급의 공정성은 물론이고 지원금이 바로 소비로 연결될지도 의문이다.

코로나19의 해결 과정에서 경제와 방역, 두 토끼를 잡겠다던 대통령의 말이 생각난다. 방역이 과연 전문가의 논리에 따랐는지는 후일 평가되겠지만, 경제 정책만큼은 정치 논리에 오염되어서는 절대 안 된다. 경제 문제는 철저히 경제 논리로 풀어야 한다. 경제 정책에는 기준과 원칙이 공정하고 명확하게 제시되어야 한다. 그리고 꼭 필요한 곳에 효과가 극대화되도록 정책이 집행되어야 한다. 자본주의경제에서 공짜 점심은 없다. 누군가는 그 비용을 감당해야 하며, 책임 소재 또한 명확해야 한다. 정책의 계획과 실행에 있어 국민들의 혈세가 새어 나가지 않도록 철저히 점검하는 일도 중요하다. 또, 그 과정에서 반드시 경제전문가들의 철저한 검증을 거쳐야 정책의 실효를 기대할 수 있다.

그러나 경제 난국을 헤쳐나가는 주역은 역시 국민과 기업이다.

정부의 정책이나 제도, 그리고 시스템이 바뀌면 경제위기가 자동으로 해결되리라고 믿어서는 안 된다. 기업인들이 강인한 의지와 지혜를 발휘하여 경제 위기를 극복하는 데 앞장서야 한다. 위기에 가장 먼저 떠오르는 말은 역시 '기본으로 돌아가는 것'이다. 사업이나 장사의 기본은 '꿈을 파는 것'이다. 단순히 돈을 벌기 위해 고객들이 필요로 하는 물건을 제공하는 일만이 아니다. 그러므로 사업가는 당연히 고객과 종업원과 함께 어울려서 서로의 행복을 위해 일해야 한다.

사업의 성패는 사업가의 능력보다는 주로 태도나 인격적 특질에 달려있다. 심리학자 앤절라 더크워스가 창안한 '그릿grit'이란 개념이 있다. 특정한 방향으로 어떤 생각을 단호하고도 끈질기게 물고 늘어지는 특성을 가리킨다. 성취과정에서 재능보다 더 중요한 것이며 사업가가 지녀야 할 필수 덕목이다. 따라서 역경을 해결할 수 있는 진정한 용사들은 인격과 열정, 그리고 강인한 인내력을 지닌 사업가들이다.

서남아프리카의 나미브 사막에 사는 풍뎅이는 새벽에 목을 축이려고 물구나무를 선다고 한다. 수필집 『나미비아의 풍뎅이』에서 조이섭 작가는 그 사연을 이렇게 설명한다. 사막에 달구어진 복사열로 풍뎅이의 등껍질 위에 이슬이 맺히고 풍뎅이는 맺힌 물방울이 등줄기를 타고 내려오면 그 이슬로 목을 축이고 살아간다. 이슬이 맺혀 물방울이 굴러떨어질 때까지 풍뎅이는 거꾸로 선채 꼼짝달싹하지 않아야 한다. 그야말로 생존을 위한 처절한 투혼이다. 나미비아 풍뎅이의 사투는 코로나19 사태로 신음하며 처절한 생존 투쟁을 벌이고 있는 우리 영세민들의 모습과 크게 다르지 않다. '석 달 수입이 0원이라 라면 살 돈도 없다.'는 어느 급식조리사의 딱한 호소에 가슴이 답답하다. 국민소득 3만 달러가 넘는 나라에서 코로나19 빈민이 숱하게 나타나고 있는 것이 현실의 문제다.

이처럼 심각한 경제 위기를 해결하기 위해서는 시의적절한 정부 정책의 수립과 집행이 매우 긴요하다. 또한 정책의 실효성을 담보하려면 여러 가지 편견에서 비롯되는 잘못된 의사결정을 철저히 경계해야 한다. 이와 더불어 현장의 소리를 제대로 파악하여 문제해결책을 모색하고 적절하게 반영하는 것이 최우선이다. '우문현답'(우리의 문제는 현장에 답이 있다)이란 표현이 더 이상 우스갯소리가 아니라 정책결정자의 좌우명이 되어야 한다. 올바른 정책 집행과 함께 국민과 기업인들의 협력이 서로 어우러지면 경제 위기는 반드시 해결될 것이다. 기회는 때로 패배나 불운의 형태로 가장하기도 한다. 그래서 위기를 '위대한 기회'라고 부르기도 한다.

(2020.03.30.)

경영의 창으로 본 세상

06

코로나 보릿고개를 넘으려면

황소 네 마리가 사는 풀밭에 사자 한 마리가 어슬렁거리고 있었다. 사자는 여러 차례 황소들을 사냥하려고 했지만 사자가 다가올 때마다 황소들은 꼬리를 맞대었다. 그래서 사자가 어느 쪽으로 다가와도 황소의 뿔에 가로막히게 되었다. 그러던 어느 날 황소들 사이에 내분이 일어났다. 황소들은 각자 한쪽 구석으로 가서 혼자서 풀을 뜯게 되었다. 사자는 황소들을 한 마리씩 차례로 공격했고 결국 네 마리는 모두 잡아먹히고 말았다. 기원전 6세기 이솝이야기다.

생명체가 생존을 위협하는 적으로부터 벗어나려면 진정한 협력이 최선의 방책이다. 사람도 위기에서 살아남기 위해서는 신뢰를 기반으로 협동심을 발휘해야 한다. 기업이 뛰어난 성과를 내는 비결 또한 구성원들이 하나의 팀으로서 얼마나 잘 뭉칠 수 있느냐에 달려있다. 근대경영학의 아버지로 불리는 체스터 버나드는 그의 저서 『경영자의 역할』에서 경영자의 업무는 협동적 노력 시스템을 유지하는 것이라고 했다. 협동이야말로 사회 전체가 올바르게 운영되기 위한 기본 조건이며 전제라고 하였다. 이러한 의미에서 협동은 인류가 고안해낸 최고의 발명품이라 하겠다.

세계적인 컨설팅 회사 맥킨지는 코로나 이후의 세계를 '넥스트 노멀next normal'로 명명했다. 코로나 바이러스로 경제와 사회 질서가 극적으로 변화한 새로운 일상new normal에 대응하려면 금전적 이익보다 더 고귀한 사회적 가치를 되살려내야 한다. 그래서 '코로나 바이러스 위기가 우리를 어떻게 변화시킬 것인가'라는 물음이 중요하다. 궁극적으로는 '위기로 치명적인 타격을 입은 우리 경제를 되살리기 위해서는 누가 무엇을 어떻게 해야 할 것인가'라는 질문이 제기된다. 우리는 이 어려운 문제의 답을 함께 찾아내야 한다.

코로나로 인해 우리경제는 많은 고통을 겪고 있고, 그 고통은 더욱 심각해질 것이라고 한다. 경제적 위험에 무방비로 노출된 우리 이웃의 어려움을 극복할 방도는 무엇일까. 그 답은 이솝의 우화처럼 협동심의 발휘에서 찾을 수밖에 없다. 위험한 세상에서 우리가 살아갈 수 있는 핵심 능력은 협동을 통해 발전을 이루는 것이기 때문이다. 그러나 언제 어디서든 협동을 방해하는 여러 가지 요인들도 존재한다. 가장 치명적인 것은 자기중심적인 사고와 태도다. 협동심이 발휘되려면 자신의 필요보다 타인의 결핍을 우선할 수 있는 양보와 겸손과 배려의 마음이 있어야 한다.

코로나 보릿고개를 넘기 위해서 가장 절실한 것은 돈이다. 무엇보다도 서민들과 영세사업자들의 생계와 사업을 위한 자금이 시급하다. 정부가 긴급재난지원을 한다고는 하지만 끝이 안 보이는 코로나 보릿고개를 넘기에는 턱없이 부족하다. 저소득국가에서 실시하는 '마이크로 크레디트micro credit' 제도를 활성화하는 것도 좋은 방법이 될 수 있다. 제도권 금융기관과는 거래가 어려운 빈곤층을 대상으로 담보 없이 소액의 사업자금을 대출해주고 경영지원 등 사후관리를 통해 자활할 수 있도록 돕는 민간 주도의 소액금융 제도다. 1967년 방글라데시에서 무함마드 유누스 교수가 창안했다. 유누스 교수는 전담은행인 그라민 은행Grameen Bank을 설립하여 빈곤퇴치에 이바지한 공로로 2006년 이 은행과 함께 노벨평화상을 공동으로 수상했다. 그라민 은행은 돈을 갚지 않아도 법적 책임을 묻지 않지만, 연평균 90% 이상의 상환율을 기록하고 있다.

우리 인간은 신뢰를 바탕으로 협동하도록 만들어진 존재다.

신뢰란 우리가 공생하는 데 결정적인 역할을 한다. 그러므로 위기의 때에는 신뢰로써 강력한 유대를 형성한다. 거기에 우리들의 생존이 달려있기 때문이다. 이러한 유대는 코로나 보릿고개를 넘기 위한 가장 기초적이고도 필수불가결한 전제 조건이다. 공감능력을 발휘하여 강력한 유대를 맺고 협동해서 서로를 보살펴주면 경제적 위기 극복은 물론이고, 안정감, 성취감, 소속감, 신뢰, 동지애와 같은 정신적 보상도 추가로 얻게 된다.

『리더는 마지막에 먹는다』에서 사이먼 사이넥은 "인류가 5만 년 동안 번창할 수 있었던 것은 자기 자신에게 봉사하려고 했기 때문이 아니라 타인에게 봉사하고 싶었기 때문이다."라고 하였다. 고난의 시절을 헤쳐 나가기 위해서는 소유한 자원을 동지애로써 나누는 봉사가 긴요하다. "소유는 베풀기 위해 주어진 것이지 즐기기 위해 갖는 것이 아니다."라고 갈파한 노철학자 김형석 교수의 말씀이 새삼 가슴에 다가온다. 아름다운 삶이란 '무엇을 손에 쥐고 있는가'가 아니라 '누구와 함께 있는가'에 달려있다. '나한테 좋은 일'보다는 '우리 모두에게 옳은 일'을 함께 해야 할 때다. 가슴과 머리로만 말고 행동으로 공감능력을 발휘해야 공동선共同善을 달성할 수 있다.

(2020.04.27.)

경영의 창으로 본 세상

07

'WC 시대'의 희망백신

WC. 웬 화장실? 화장실이 아니라, 여기서 WC는 '코로나와 함께 With COVID-19'란 의미다. 코로나 이전 시대인 BC Before COVID-19를 거쳐 코로나 이후를 뜻하는 AC After COVID-19 시대에 돌입하였고, 지금은 바야흐로 WC 시대다. 앞으로 면역을 위한 백신과 치료제가 완전히 갖춰질 때까지는 어쩔 수 없이 코로나19와 더불어 살아가야 한다. 올해 초부터 유행하기 시작한 코로나 바이러스가 겨울에 접어들면서 더욱 극성을 부려 12월에는 확진자 수가 크게 늘었다. 모든 국민이 불안하고 또 두려워한다.

백신 접종이 초미의 관심사다. 지난 8일 영국은 세계최초로 접종을 시작하며, 그 날을 '승리의 날'로 선포했다. 미국도 지난주 초부터 백신 접종을 개시했다. 백신을 전국으로 실어 나르는 비상 작전에 미국 국민들은 '희망을 실어 나른다.'며 환호했다. 내년 여름이면 집단면역을 달성할 수 있을 것으로 기대한다. 선진국들은 대략 2022년 중순이 되면 코로나19 이전의 일상으로 복귀할 것으로 보고 있다. 그런데 우리나라에서는 언제 백신 접종을 시작할 수 있을지가 여전히 깜깜이다. 아마도 상당한 기간 우리는 '코로나와 함께 WC' 살아갈 것이라는 암울한 전망이다.

그렇다면 'WC 시대'에서 우리 기업들은 어떻게 대처해 나가야 할까. 시대 변화의 흐름과 변화의 모습을 정확히 읽어내는 일이 가장 중요하다. 4차 산업혁명과 코로나19의 충격으로 우리는 뷰카 VUCA 세상에 살고 있다. 뷰카란 변동성 Volatility, 불확실성 Uncertainty, 복잡성 Complexity, 모호성 Ambiguity의 머리글자다. 한마디로 예측불허의 모습이다. 우리 삶의 어느 부분에서도 더 이상 안정적이거나 확실한 것은 없어 보인다. 따라서 기업은 뷰카 환경에 대응하기 위해 혁신적인 관점을 지녀야 한다. 기업생존과 성공을 위한 전략이 이전과는 확연히 달라져야 한다는 것이다. 그래서 늘 새로운 방법을 기민하게 찾아내야 한다.

『트렌드 코리아 2021』에서 서울대 김난도 교수는 '피보팅 pivoting'을 한 방도로 제안했다. 피벗 pivot이란 어떤 점을 중심으로

잡고 있으면서 방향을 전환하는 것이다. 핸드볼이나 농구에서 한 쪽 다리를 땅에 붙여 축으로 고정하고, 다른 쪽 다리는 여러 방향으로 회전하며 다음 움직임을 준비하는 동작을 말한다. 기업으로서는 끊임없이 변하는 시장을 상대하기 위해, 제품, 전략, 마케팅 등 경영의 모든 국면에서 다양한 가설을 세우고, 계속 테스팅하면서, 방향성을 상시로 수정해나가야 한다는 것이다. 따라서 피보팅은 코로나19 시대에 기업뿐만 아니라 개인이나 정부가 반드시 실천해야 할 혁신의 방법이 될 수도 있겠다.

이처럼 예측 불가능한 'WC 시대'에서 기업이 생존하려면 중심을 잃지 않으면서 변화무쌍한 시대 변화에 빠르고 민감하게 대응해 나가야 한다. 또 변화에 과감하게 맞설 줄도 알아야 한다. 하지만 이것만으로는 충분하지 않다. 'WC 시대'에 기업에 요구되는 가장 소중한 것은 '희망'을 나누는 일이다. 코로나19로 만남과 교류는 이미 무시무시한 일이 되어버렸지만, 그래도 사람들은 서로 돕고 의지하며 살아가야 한다. 누구에게나 희망을 꿈꾸는 낙관적인 자세가 필요하다. 힘들고 어려운 시절을 함께 극복할 수 있다는 희망과 그것을 실천하는 열정과 용기를 지녀야 한다. 다행히 여러 기업이 나눔·상생을 적극적으로 실천하며 위기에 처한 어려운 이들에게 희망을 전하고 있다.

지난 3월 SK그룹이 주도하고 100개 이상의 회원사가 참여한

'행복얼라이언스'는 급식 중단으로 위기에 놓인 1,500여 명의 결식 아이들에게 한 달간 4만 2,000끼니를 제공했다고 한다. 롯데백화점도 '코로나 블루(우울증)' 같은 심리적 어려움을 겪는 이들을 위해, 9월 롯데백화점 센텀시티점에 상담 공간 '리조이스'를 열고 전문 심리상담사가 상담을 실시하고 있다. 2013년부터 아동·청소년의 집단예술치유 프로그램 '마음톡톡'을 실시해온 GS칼텍스가 올해는 '교실힐링' 프로그램을 온라인 플랫폼으로 확대해 실시하고 있다.

이처럼 기업들이 따스함과 정情을 나누는 희망의 실천은 우리 모두가 'WC 시대'에서 생존하기 위한 최고의 백신이며, 절망을 극복하는 방역이다. 하지만 희망백신의 접종으로 집단면역이 달성되려면 기업뿐만 아니라 더 많은 사람의 적극적인 참여가 필요하다. "인생의 목적은 이기는 것이 아니다. 인생의 목적은 성장하고 나누는 것이다. 인생에서 해온 모든 일을 되돌아볼 때, 당신은 다른 사람들보다 잘하고 그들을 이긴 순간보다 그들의 삶에 기쁨을 준 순간을 회상하며 더 큰 만족을 얻게 될 것이다." 해롤드 쿠시너의 말을 되새기며, 나눔의 희망백신을 즐겁게 전하는 연말연시가 되었으면 좋겠다.

(2020.12.21.)

경영의 창으로 본 세상

08

손정의의 권고, AI에의 올인

2001년 8월. 영화의 귀재 스티븐 스필버그는 한 편의 SF 판타지 영화 '에이 아이AI'를 내 놓았다. 로봇이니 인조인간이니 하는 상상력을 총동원해 만든, 그야말로 SF영화라 불릴 만했다. 지금까지도 여전히 로봇에는 감정이입이라는 최대의 난제를 해결하지 못하고 있지만, 그 당시 이런 문제를 영화에서 제기한다는 것은 대단한 용기가 필요했으며 흥행에서도 성공한다고 장담하지 못하는 처지였다. 그러나 영화 '에이 아이AI'는 지구촌에 숱한 화제를 뿌렸고 뒤이어 이런 류의 영화들이 쏟아져 나오기도 했다. 오늘날 영화 밖의 현실에서는 실제로 우주선에 사이먼이란 AI 로봇이 타서 과거 우주비행사가 했던 우주선 상황을 로봇이 일일이 점검하는 시대가 되었다.

수출규제로 한일관계가 긴박해질 무렵인 이달 초 IT 정보기술분야의 세계적 투자 귀재인 소프트뱅크 손정의 회장이 급거 한국을 찾았다. 대통령도 만나고 삼성을 비롯한 젊은 대기업 총수나 부회장과도 회동했다. 한국 경제가 주력해야 할 분야로 AI 인공지능를 강조하고, AI에 올인해야 만 희망이 있다고 하였다. 손 회장의 사업철학을 그대로 반영한 제안이다. 그의 평생 지론인 '역사적 필연성이 있는 사업'인 AI에 대한민국의 모든 역량을 집중해야 한다고 조언했다.

많은 사람들은 몇 번의 알파고와의 바둑 대결에서 상당한 충격을 받았을 것이다. 어쩌면 일부 과학도들은 패닉상태였지 않나 싶기도 하다. AI는 컴퓨터가 인간의 지능적인 행동을 모방할 수 있도록 하는 기술이다. 최근 자주 언급되는 자율주행차, 의료분야의 왓슨, 대화형 자동응대 솔루션인 챗봇 등이 AI 기술을 실용화한 대표적인 신기술들이다. 이뿐인가. AI 기술은 의료기술 향상, 유전자 분석, 신약 개발, 금융은 물론 스마트홈 등 우리의 삶 속으로 빠르게 스며들어 결국 스마트시티로의 확장은 멀지 않다. 이미 우리는 매우 부분적이기는 하지만 AI가 일과 삶을 결정하는 시대에 발을 내디뎌 버렸는지도 모른다.

2020년에는 AI 시스템의 세계시장 규모가 470억 달러에 이를 것으로 전망되고 있다. 한동대 정두희 교수는 앞으로 3년 내 AI가 폭발적으로 성장해 3,000%의 가치를 창출할 것이라고 했다. 그렇지만 AI 기술 도입을 실제 준비하고 있는 국내 기업인들은 고작 16%밖에 되지 않고, 실제 업무에 활용하고 있는 경우는 12.5%에 불과하며 그 수준도 상당 부분 파일럿 수준이라는 것이다. 이렇듯 기업경영자들의 AI 기술에 대한 이해도가 낮고 수용 자세나 의지와 노력이 부족하다면 AI 효과는 당연히 기대하기 어렵지 않을까. 따라서 AI를 활용해 데이터를 분석하고, 미래수요를 예측해서, 새로운 비즈니스 기회를 창출하려는 기업의 노력이 있어야 한다. 달리 말해서, AI에 대한 친화력이 비즈니스를 결정한다는 대전제를 수용하는 기업풍토가 하루속히 정착되어야 할 것이다.

그런데 전 세계가 AI 패권을 다투고 있는 가운데, 안타깝게도 우리의 글로벌 AI 기술 격차는 점점 더 벌어지고 있다. 우리나라는 AI 기술 분야에서 매우 뒤처져 있고, 강력한 데이터 규제가 있기 때문이다. 정보통신기획평가원IITP에 따르면 한국은 턱없이 부족한 IT 인재와 함께 AI 기술력은 미국 대비 78.4%에 불과하고, 일본은 물론 중국에도 크게 뒤지고 있다고 한다. AI를 비롯한 신기술들의 공통점은 엄청난 양의 빅데이터를 디지털화하는 작업 즉, 디지털 전환digital transformation이 선결 조건이다. 그런데 빅데이터를 클라우드에 모으고 이것을 가공하여 AI를 개발하는 일은 대부분 개인정보보호법에 위반된다. 지나치게 강력한 개인정보 관련법 때문이다. 나아가 '비식별 데이터' 분석조차도 어렵고, 데이터 융합에 대한 가이드라인도 제대로 제시되지 않고 있다. 최근 정부는 'AI를 접목한 미래공장 로드맵'이 시급하다며 중소기업을 위한 각종 지원책을 쏟아내고 있지만 정작 무엇이 기업의 걸림돌인가를 제대로 간파해야 할 것이다.

우리 경제가 'AI에 올인'하기 위해서는 기술적, 제도적 제약요소들이 하루속히 과감하게 개선해야 한다. 동시에 우리 기업들도 기업가치의 극대화를 추구하기 위해 생산효율화 뿐 아니라 맞춤형 마케팅, 특히 서비스 제공 등에 AI를 적극적으로 활용해야 할 것이다. 무엇보다도 정확하고 가치 있는 데이터를 확보하고 분석하여 활용하는 시스템을 갖추고, 서로 연결하는 방법을 찾아내는 일이 중요하다. 세계적인 IT 전략가이자 미래학자인 스티븐슨은 우리 사회는 실물세계와 디지털 세계가 융합하는 초연결사회로 가고 있다고 했다. 데이터가 서로 연결되고 함께 모여 있을 때 놀라운 시너지 효과가 나오는 사회라는 뜻이다. 이는 소유가 아니라 공유가 더 강력한 가치를 창조하는 사회이다. 그러므로 상생과 협력이야말로 AI 시대의 절대적인 강령임을 국가경제의 정책결정자들과 기업인들이 새겨야 할 화두다.

(2019.07.22.)

경영의 창으로 본 세상

09

데이터가 이끄는 세상

소띠 새해다. 지난해 연말, 소도 웃을 큰 사건이 있었다. 페이스북이 뉴욕타임즈를 비롯한 미국 주요 일간지에 전면광고를 낸 것이다. 광고 수익을 빼앗아 대중매체를 경영난에 빠뜨린 장본인이 신문에 광고를 낸 것은 정말 아이러니다. '애플 대 인터넷 자유Apple vs. the free internet'란 제목의 광고에서 페이스북은 애플이 올해부터 적용하는 프라이버시 정책을 비판했다. "우리 광고 플랫폼의 도움을 받는 소상공인이 피해를 본다."라고 주장하며, 전 세계 모든 소상공인을 위해 애플과 맞서 싸울 것을 천명했다. 이 표현은 일견 경제적 약자를 돕는 것처럼 보인다. 하지만 실상은 페이스북이 애플의 수정 정책으로 개인화된 맞춤광고를 할 수 없어 광고매출이 반 토막 날 것을 우려한 결과다.

뉴욕타임즈는 이 전쟁에서 “어느 회사가 이기느냐에 따라 향후 수년간 인터넷의 모습이 바뀔 것”이라고 했다. 이것은 데이터로 돈을 버는 ‘빅테크’ 기업의 비즈니스 헤게모니 쟁탈전이며, 데이터가 주도하는 4차 산업혁명 시대의 경쟁 모습을 극명하게 보여준다. 한마디로 양질의 필요한 데이터를 지속적으로 확보하기 위한 전쟁이다. 데이터 경제에서는 디지털 체계를 구동시키는 원료인 데이터가 필수적이다. 데이터는 과거 산업사회의 석탄이나 석유 같은 가장 중요한 자원이기 때문이다. 따라서 기업은 양질의 데이터를 더 많이 확보해서 더 새롭고 더 유용한 결과를 만들어내야만 승자가 될 수 있다.

이에 따라 마케팅과 고객관리 영역에서도 변혁이 나타나고 있다. 고객의 관심과 요구를 정확히 잘 파악하고 그에 대응하는 서비스를 시의적절하게 제공하는 알고리즘을 성공적으로 개발한 기업들이 경쟁우위를 차지하게 될 것이다. 비단 마케팅뿐만 아니라 개인의 일상에서도 주요한 의사결정과 분석 등을 인공지능AI 알고리즘이 대체하는 일이 나타나고 있다. 5년 전부터 바둑계를 제패한 알파고AlphaGo는 바둑계의 통념을 깨트렸다. 유튜브의 콘텐츠 추천, 소셜 미디어의 뉴스 우선순위도 인간이 아닌 알고리즘이 선정한다. 우리나라의 대표적인 포털사이트인 네이버도 뉴스 우선순위 선정을 AI 알고리즘에 맡기고 있다.

이처럼 지금은 데이터가 자산이 될 뿐 아니라 삶의 기본 환경이 된 시대다. 그 누구도 데이터를 무시하거나 네트워크를 벗어나 살기 어렵다. 하지만 모든 의사결정을 데이터나 알고리즘에 의존할 때 우리는 큰 위험에 노출될 수 있다. 더구나 데이터를 잘못 사용하면 개인과 기업은 물론이고, 나라와 인류 전체가 회복할 수 없는 파멸로 이어질 수도 있다. 역사학자 유발 하라리는 『호모 데우스』에서 그 가능성을 지적하며, 이미 '인간이 신이 되는 시대'가 되었고, '데이터교'란 이름의 신흥종교가 나타났다고 했다. 이 종교는 전 세계에 수억 명의 신도들을 확보하였고, 인류역사상 가장 크고 강력한 종교가 될 것이라고 주장한다. '데이터교'에서는 컴퓨터 알고리즘이 '신'이고 '데이터'가 말씀이다. 데이터교도들은 인간의 지식과 지혜를 믿지 않는다. 무엇을 공부할지, 누구와 결혼할지, 누구에게 투표할지 고민할 때 신이나 자기 자신에게 묻지 않고 구글이나 페이스북에 묻고 또 묻는다. 이렇듯 일상의 모든 일들을 인터넷에 의존해 결정하면 인간은 당연히 컴퓨터 알고리즘과 데이터의 노예로 전락하게 된다.

신학자 김용규는 컴퓨터 알고리즘과 데이터가 우리의 갈 길과 살길을 가르쳐 주리라는 것은 '환상'에 불과하다고 주장한다. 오히려 하라리가 예언한 대로 그런 인간은 밥만 축내는 존재, 즉 '호모 유스리스'로 추락할 것이라고 경고한다. 그는 해법으로 '온전한 가치'를 살려내는 일을 제안한다. 즉, 생명, 진리, 선함, 아름다움, 정의, 위대함과 같은 전근대적 · 신본주의 가치들은 물론이거니와 이성, 계몽, 혁명, 과학, 진보, 해방과 같은 근대적 · 인본주의 가치들, 그리고 상대성, 다양성, 개별성, 현재성 같은 탈근대적 · 개인적 가치들까지 우리가 지금까지 추구했던 가치들을 되살려내야 한다는 것이다. 한마디로 유신론적 인본주의로 돌아가야 한다는 것이다.

10년 전 퓨리서치센터가 저명한 사상가 400여 명을 대상으로 한 조사에서 80%가 넘는 응답자가 "2020년까지 인터넷 사용은 인간의 지능을 높일 것이며, 전례 없이 많은 양의 정보에 접근이 가능해진 사람들은 더 똑똑해지고 더 나은 선택을 할 것"이라는 데 동의했다. 바로 엊그제 그 2020년이 지났는데 우리가 과연 더 똑똑해지고 더 나은 선택을 하고 있는지는 여전히 의문이다.

그리고 2021년이다. 새해 첫날, 코로나19에서 완치된 국내 최고령 97세 황영주 할머니(경북 청도 거주)는 "아무리 고약한 병도 환자와 보호자의 절대 희망과 가족의 사랑으로 극복할 수 있다."고 말했다. 코로나19의 최고 치료제는 '희망'과 '사랑'이라는 것이다. 데이터와 인터넷보다 사랑과 지혜가 우리가 사는 세상을 제대로 이끌기를 소망한다.

(2021.01.04.)

경영의 창으로 본 세상

10

로봇과 사람

이제 곧 병원 복도를 누비는 로봇을 만나게 될 것이다. 이달부터 계명대학교 동산의료원이 국내 최초로 주사약 배송 로봇, 세탁물 배송 로봇, 환자 안내 로봇, 각 1대씩을 도입해 시범 활용에 들어갔다. 병원에서 수술로봇은 이미 광범위하게 활용되고 있다. 그러나 병원 내 물품 배송이나 안내와 같이 종래 사람이 전담하던 일을 로봇이 돕는 것은 전혀 새로운 도전이다. 그래서 스마트의료시스템을 지향하는 동산의료원의 첫 시도가 크게 주목받고 있다.

'로봇시대'가 예상보다 훨씬 빠르게 다가오고 있다. 편리성을 추구하는 소비자의 라이프스타일과 함께 코로나19로 인한 비대면 서비스의 일상화도 한몫했다. 로봇은 지금까지 산업체나 의료분야, 탐사 분야에 주로 사용되었으나, 최근에는 일상 속에서도 로봇의 활용이 크게 늘어났다. 가정에서는 로봇이 청소해주고, 쇼핑도 도와주고, 교육과 커뮤니케이션 분야에서도 폭넓게 활용되고 있다. 금융업에서는 자산관리를 조언해주는 로보어드바이저 robo-advisor, 콜센터에서는 대화형 메신저 로봇인 챗봇 chatbot 채용이 확산되고 있다.

이처럼 로봇은 어느새 우리의 삶 속에 깊숙이 들어와 우리 삶을 전반적으로 바꿔놓고 있다. 인간의 친구이자 동반자로 자리를 잡기 시작했다. 일본에서는 인간형 인공지능 AI 로봇을 선호한다. 외국인 국적의 간병인 대신 로봇이 환자용 변기를 갈아 주는 편이 낫다고 여긴다. 2007년 『이코노미스트』에서는 "고마워요 로봇씨 Domo Arigato, Mr. Roboto"라는 제목의 기사에서 'R not I,' 즉 '이민자 말고 로봇 robots, not immigration'이라는 말도 나왔다. 이처럼 로봇은 우리의 생활에 편리함을 주는 장점이 많다. 하지만 일자리가 줄어들거나 전투용 로봇이 출현하는 등 로봇이 초래할 역기능과 위협도 무시할 수 없다.

여러 SF영화에서는 로봇의 다양한 미래를 보여주고 있다. 디즈니 애니메이션 영화 〈빅 히어로〉에 등장하는 착한 로봇 '베이맥스'

는 따뜻한 감성으로 사람들을 위로하고 치료해준다. 하지만 로봇이 이처럼 '마음이 통하는 인격체'로 진화할 것이라는 장밋빛 기대는 난망이다. 로봇에게는 의식과 감정이 없기에 인간과 구별될 수 있다. 로봇은 단지 설계된 알고리즘에 따라 사람이 명령한 대로 데이터를 처리하는 조종 대상에 불과하다. 『호모 데우스』에서 유발 하라리는 "인간은 의식적인 존재이고, 로봇은 그렇지 않다."라고 주장한다. 로봇은 마음의 흐름을 구성하는 의식적 경험을 할 수 없는 존재라는 것이다. 따라서 로봇은 인간을 대체할 수 없고, 오직 인간만이 생각하고 느끼며 욕망하는 존재라는 것에 누구나 동의할 것이다.

로봇의 진화 속도가 빨라지면서 그 유용성에 대한 기대가 크다. 그런데 로봇의 도입에는 단연코 '사람' 중심적 접근이 요구된다. 로봇은 사람이 일을 쉽고 효과적으로 수행하도록 지원한다. 일차적으로 로봇은 복잡하고 어려운 일을 능률적으로 처리하는 데 의미가 있다. 여기에다 사용자의 감성을 충족시키는 하이터치 요소도 정말 중요하다. 따라서 무슨 로봇을 어떻게 활용할 것인가는 당연히 하이테크와 하이터치를 동시에 고려하여 설계해야 한다. 사용자의 요구에 마찰 없이 반응하여 '사람'의 행복에 도움을 줄 때만 로봇의 진정한 가치가 발휘되기 때문이다.

하지만 아이러니하게도 '사람'이 점점 로봇처럼 변해, 자기결정권을 잃어버리고 생각 없이 살아가고 있다. 인문학자 김용규는 오늘날 우리는 『이상한 나라의 앨리스』에서 체셔 고양이에게 갈 길을 묻는 앨리스처럼 컴퓨터 알고리즘에게 살길을 묻고 있다고 우려한다.

> 앨리스: 내가 어떤 길로 가면 좋을지 가르쳐 줘.
> 고양이: 그것은 네가 어디에 가고 싶은지에 달려 있지.
> 앨리스: 난 어디에 가도 좋아.
> 고양이: 그러면, 넌 어떤 길로 가도 좋아.

기업도 '로봇시대'에 길을 잃지 않으려면 경영자가 생각의 주도권을 발휘해야 한다. 그리고 당연히 '사람' 중심이어야 한다. 그 바탕 위에 경영자는 기업의 미래 비전을 치열하게 고뇌해야 한다. 비전을 현실로 바꿀 구체적인 방안도 마련해야 한다. 그러나 무엇보다도 기업의 존재 이유인 '고객가치'를 어떻게 창조해 나가야 할지에 대한 깊은 성찰이 최우선이다. 고객의 실질적 요구와 혜택에 제대로 부응하는 바로 그 기업이 공감을 얻고 환영을 받으며 선택된다.

오랜 기간 '사회적 거리 두기'로 사람과 사람 간의 만남과 친밀한 관계가 더욱 그리워진다. 우리의 삶을 풍족하게 해주는 것은 언제나 '사람'이기 때문일 것이다. '로봇시대'에서도 기업경쟁력의 가장 중요한 원천은 역시 '사람' 중심의 기업 문화다.

"나의 노력으로 사람들이 웃는 모습을 보는 것이 정말 좋았다. 그것이 내가 로봇을 만든 이유다." 한국이 낳은 세계적인 로봇공학자 데니스 홍 교수의 말이 정겹게 들린다.

(2021.03.15.)